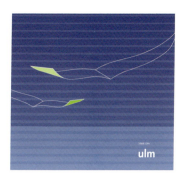

Auf dem Weg zum Donauflug

Ideen für emissionsarme Langstreckenflüge

Dokumentation der
Berblinger Wettbewerbe 2013 und 2016
der Stadt Ulm

Verlag Klemm+Oelschläger

Impressum

© 1. Auflage Ulm 2017
Verlag Klemm+Oelschlager (www.klemm-und-oelschlaeger.de) und Stadt Ulm

Bibliografische Information der Deutschen Nationalbibliothek. Die Deutsche Nationalbibliothek verzeichnet diese Publikation in der Deutschen Nationalbibliografie; detaillierte bibliografische Daten sind im Internet uber http://dnb.d-nb.de abrufbar.

Alle Rechte vorbehalten!
Ohne ausdrückliche Genehmigung des Verlags ist es nicht gestattet, das Buch oder Teile daraus auf fotomechanischem Weg (Fotokopie, Mikrokopie usw.) zu vervielfaltigen oder in elektronische Systeme einzuspeichern, zu verarbeiten oder zu verbreiten.

ISBN 978-3-86281-121-2

Herausgeberin:
Stadt Ulm, Kulturabteilung

Autoren:
Prof. Dr.-Ing. Otto Künzel

Mit Unterstützung von
Prof. Dr. Jörg Wagner

Redaktion:
Sebastian Huber, Kulturabteilung Stadt Ulm
Michel Salzenberg, Kulturabteilung Stadt Ulm

Lektorat: Andrea Toll, Textwerkstatt Andrea Toll

Layout:
Digitaldruck leibi.de Schindowski & Zimmermann GbR, Neu-Ulm
Grundlayout: Braun Engels Gestaltung, Ulm

Herstellung:
Buch: Digitaldruck leibi.de Schindowski & Zimmermann GbR, Neu-Ulm
Verlag: Klemm + Oelschläger, Ulm

Inhalt

	Grußwort	5
1	**Der Berblinger Wettbewerb**	**7**
1.1	Die Wettbewerbsausschreibungen 2013 und 2016	9
1.2	Die Bewertung der Wettbewerbsbeiträge 2013 und 2016	10
1.3	Die Berblinger Jury 2013 und 2016	12
2	**Berblinger Wettbewerb 2013**	**19**
2.1	Preisträger und Siegerehrung des Berblinger Wettbewerbs 2013	21
2.2	Teilnehmende am Berblinger Wettbewerb 2013	25
3	**Berblinger Wettbewerb 2016**	**59**
3.1	Preisträger und Siegerehrung des Berblinger Wettbewerbs 2013	61
3.2	Teilnehmende am Berblinger Wettbewerb 2013	65
4	**Fazit und Nachwort**	**101**
	Anhang	**107**
	Ausschreibung: Berblinger Wettbewerb 2013	108
	Ausschreibung: Berblinger Preis 2016	110

Grußwort

Sehr geehrte Leserinnen und Leser,

die Stadt Ulm ist Universitätsstadt und Wirtschaftsstandort mit viel Innovationskraft. Nicht wenige innovative Köpfe beteiligen sich heute in Ulm an der Ausgestaltung unserer Zukunft und leisten hierfür Entscheidendes.
Mit Albrecht Ludwig Berblinger hatte die Stadt Ulm schon früh einen innovativ denkenden Tüftler mit Weitblick in den Reihen ihrer Bürger. Die weitreichendste seiner Erfindungen war wohl der Hängegleiter, mit dem er 1811, bei seinem Versuch die Donau zu überqueren, als Flugpionier in die Luftfahrtgeschichte eingegangen ist.
Um den Innovationsdrang des „Schneiders von Ulm" zu würdigen, vergibt die Stadt Ulm seit 1986 den Berblinger Preis. Mit ihm sollen Innovationen in der allgemeinen Luftfahrt gefördert und unterstützt werden. Bereits der Berblinger Flugwettbewerb 2011 – unter dem Motto „Fliegen mit innovativen Technologien" – zeigte die Umsetzbarkeit zahlreicher Einreichungen und Ideen vorangegangener Ausschreibungen und ließ an Größeres denken. So entstand die Vision im Sinne Berblingers, möglichst emissionsfrei, nicht nur über die Donau, sondern entlang ihrer gesamten Länge von der Quelle bis zur Mündung zu fliegen.
Die beiden theoretischen Wettbewerbe 2013 und 2016, deren Dokumentation Sie gerade in den Händen halten, soll die Umsetzbarkeit der Vision Donauflug bis zu Berblingers 250. Geburtstag im Jahr 2020 zeigen. Interessierten Tüftler/-innen, Forscher/-innen und Entwickler/-innen war diese Vision in den letzten Jahren Ansporn zur Weiterverfolgung ihrer Ideen mit dem Ziel, einen ressourcenschonenden Langstreckenflug Realität werden zu lassen.
Im Zuge der Abkehr von fossilen Antriebssystemen und der damit verbundenen Entwicklung von Alternativen sind genau solche innovativen Konzepte gefragt. Während die Berblinger Wettbewerbe konkrete Ansätze für die Luftfahrt aufzeigen, wird an den Einrichtungen der Ulmer Wissenschaftsstadt kontinuierlich zur Energiespeicherung, Brennstoffzellenforschung und zur Praxis des autonomen Fahrens geforscht. Hinter all diesen Entwicklungen stehen innovative Köpfe, die wir für die Ausgestaltung unserer Zukunft brauchen.
Auf folgenden Seiten stellen wir Ihnen die eingereichten Beiträge der Berblinger Wettbewerbe 2013 und 2016 vor. Sie reichen von der groben Ideenskizze über konkrete Planungen bis hin zu flugtauglichen Fluggeräten. Nach Auffassung der fachkundigen Jury zeigt sich, dass die Vision Donauflug bis 2020 umsetzbar ist; doch überzeugen Sie sich selbst!

Gunter Czisch
Oberbürgermeister der Stadt Ulm

1 Der Berblinger Wettbewerb

Stadt Ulm
ulm

1.1 Die Wettbewerbsausschreibungen 2013 und 2016

Wie der Berblinger Flugwettbewerb 2011 gezeigt hat, gewinnt der umweltfreundliche und betriebssichere elektrische Flugzeugantrieb als Starthilfe für selbststartende Segelflugzeuge und als Antrieb für Ultraleichtflugzeuge im Kurzstreckenbetrieb zunehmend an Bedeutung. Ein Schritt in Richtung einer Reichweite von über 400 km ist der Touring-Motorsegler e-Genius von Prof. Rudolf Voit-Nitschmann und seinem Team vom Institut für Flugzeugbau der Universität Stuttgart. Solch große Reichweiten lassen sich auch mit Solarflugzeugen erreichen, wenn eine ausreichend starke und lange Sonneneinstrahlung gegeben ist. Was hier möglich ist, hat Eric Raymond mit seinen Sunseeker-Flugzeugen eindrucksvoll bewiesen. Breite Anwendungen fehlen jedoch derzeit.
Um im Bereich des umweltfreundlichen Langstreckenflugs innovative Ideen anzustoßen und mit einem Preisgeld zu fördern, hat die Stadt Ulm die Berblinger Preise 2013 und 2016 diesem Thema gewidmet. Gesucht waren Ideen für Komponenten oder komplette Flugzeuge, auch Ultraleichtflugzeuge, mit denen im Jahre 2020 die Vision eines Donauflugs von der Quelle bis zur Mündung – dies bedeutet theoretisch eine Flugstrecke von rund 2800 km – umweltfreundlich, schnell und mit möglichst großer Nutzlast Realität werden könnte. Praktisch ist die Flugstrecke kürzer, da die vielen Windungen der Donau natürlich nicht ausgeflogen werden müssen. Je nach Routenführung ergeben sich somit Gesamtstrecken von 1700 bis 2000 km. Zwischenlandungen, also ein Flug in Etappen, sind erlaubt.

Der genaue Text der Ausschreibung der Berblinger Preise 2013 und 2016 lautet:
„*Gesucht werden Ideen für ein personentragendes Flugzeug oder eine einzelne Komponente, die zur Realisierung der genannten Vision ‚Donauflug' beitragen könnten. Eine wichtige Rolle spielen dabei insbesondere Aspekte der Umweltverträglichkeit wie Energieverbrauch, Abgas- und Lärmemission. Flugzeuge im Sinne der Ausschreibung sind auch Ultraleichtflugzeuge.*"
Einzelheiten zur Bewertung der Wettbewerbsbeiträge finden sich im Kapitel 1.2.

Das Preisgeld betrug 2013 und 2016 jeweils 25.000 EUR, es konnte ggf. auf mehrere Preisträger aufgeteilt werden.

Die Ausschreibungen wurden auf der Luftfahrtausstellung AERO im Jahr 2013 am 18. April sowie im Jahr 2016 am 20. April international bekannt gemacht und in der Fachpresse veröffentlicht. Bewerbungsschluss war der 30. Juni 2013 bzw. der 21. Juni 2016.

Die Bewerbungen mussten enthalten:
– den ausgefüllten und unterzeichneten Anmeldebogen mit der Erklärung der Bewerberin/des Bewerbers, dass sie die geistigen Urheber des eingereichten Vorschlags sind.
– eine ausführliche schriftliche Darstellung, aus der hervorgeht, worin die Bewerberin/der Bewerber die Besonderheit des Vorschlags sieht.
– alle notwendigen Konstruktionsangaben, sodass eine Beurteilung möglich ist.
– Bild-/Ansichtsmaterial in Form von Plänen, Zeichnungen, Fotos, Videos oder Modellen.

- honorarfreie Stellung und Zustimmung zur Veröffentlichung der eingereichten Unterlagen in Wort und Bild für eine Dokumentation des Wettbewerbs durch die Stadt Ulm.

Die Unterlagen konnten in Deutsch oder Englisch abgefasst sein.

Bis zum Ende der Bewerbungsfrist 2013 gingen 21 Meldungen ein, 2016 gab es 16 Bewerbungen.

Der genaue Text der Ausschreibungen ist in Anhang I (2013) und II (2016) enthalten.

Klausurtagung der Berblinger-Jury (Bild: R. Hebenstreit)

1.2 Bewertung der Wettbewerbsbeiträge 2013 und 2016

Da die Ausschreibungen für den Berblinger Preis 2013 und 2016 identisch waren, lagen beiden Wettbewerben dieselben Bewertungskriterien zugrunde. Vor dem Hintergrund des Fernziels „Vision Donauflug" wurden die eingereichten Unterlagen von jeweils einem Jury-Mitglied eingehend auf ihren Beitrag zu dieser Aufgabenstellung geprüft. Externe Gutachter ergänzten soweit erforderlich die Expertise der Jury in speziellen Fachaspekten. Auf jeweils zweitägigen abschließenden Jury-Sitzungen wurden die ausgearbeiteten Begutachtungen im Detail vorgestellt und diskutiert.

Eine Herausforderung für die 14-köpfige Jury unter Vorsitz von Prof. Dr.-Ing. Otto Künzel war die Vielfalt der eingereichten Beiträge: Die Bandbreite reichte vom komplett flugtauglichen und flugerprobten Luftfahrzeug über Simulations- und Versuchsergebnisse zu neuen Erkenntnissen und Wirkprinzipien auf Komponentenebene bis hin zu revolutionären Ideenskizzen in der frühen Konzeptphase. Im Rahmen der ausgiebigen Fachdiskussionen wurden die Bewerbungsunterlagen nochmals mit großer Sorgfalt analysiert, wobei besonderes Augenmerk darauf gelegt wurde, in wieweit die beschriebenen Eigenschaften und Verbesserungen gegenüber heute üblichen Technologien aufgrund der eingereichten Unterlagen nachvollziehbar quantifizierbar waren.

Die Umweltverträglichkeit der eingereichten Vorschläge wurde mit 25 % in die Wertung einbezogen, wobei zukunftsweisende Aspekte wie geringe Schall- und Abgasemission, minimaler Energieverbrauch und möglichst vollständige Recyclingfähigkeit der eingesetzten Werkstoffe besonders einflossen. Mit weiteren 25 % wurden die Konzeptvorschläge hinsichtlich ihres Beitrags zur Verbesserung von Flug- und Transportleistung sowie der erzielbaren Effektivität bewertet. Insgesamt machten diese beiden Kriterien die Hälfte der Wertung aus, da beide nach Auffassung der Jury ein entsprechend großes Gewicht für den anvisierten umweltfreundlichen Langstreckenflug haben. Das Zukunftpotenzial der vorgeschlagenen Konzepte unter den Gesichtspunkten der Realisierbarkeit für den Zeitraum nach 2020 und der Bedeutung für die allgemeine Luftfahrt ging mit 20 % in die Wertung ein. Diesem Kriterium wurde deshalb ein etwas geringerer Stellenwert eingeräumt, da die Ausschreibung den Schwerpunkt auf Technologievorbereitung für einen Donauflug in 2020 gelegt hat und damit eine unmittelbare, zeitnahe Realisierbarkeit nicht erwartet wurde.

Unter dem Kriterium Alltagstauglichkeit, das 10 % der Gesamtwertung umfasste, bewertete die Jury weitere Aspekte wie Handling, Kosten, Wettertauglichkeit und mögliche Flugdauer. Schließlich fand die inhaltliche Qualität der eingereichten Bewerbungsunterlagen mit 20 % Eingang in die Gesamtwertung, da die Erfüllung dieses Kriteriums für einen theoretischen Wettbewerb eine zentrale Voraussetzung darstellt.

Kriterien	Gewichtung der Parameter (Gesamt 100 %)
Umweltverträglichkeit	25 %
Leistung/Effektivität	25 %
Zukunftspotential	20 %
Alltagstauglichkeit	10 %
Inhaltliche Qualität der Bewerbungsunterlagen	20 %

War für einen Beitrag aufgrund der eingereichten Unterlagen kein Ansatz zur Erfüllung der Aufgabenstellung feststellbar, wurde keine Bewertung vorgenommen. Dasselbe galt auch für Beiträge, deren physikalische Realisierbarkeit aufgrund der eingereichten Unterlagen oder eingeholter Expertisen unrealistisch erschien oder wenn Zusammenhänge, Wirkprinzipien oder Hintergründe eine sachgerechte Beurteilung nicht zuließen. Die Jury behielt sich außerdem vor, aufgrund signifikant schlechter Teilbewertungen eine Abwertung des Gesamtergebnisses vorzunehmen.

Auf der Basis der beschriebenen Bewertung ergab sich bei beiden Wettbewerben eine Rangliste, die jeweils durch ein einstimmiges Votum der Jury nach Berücksichtigung sämtlicher Erkenntnisse bestätigt wurde.

Da 2013 auf den drei ersten Plätzen vielversprechende Projekte mit ganz unterschiedlichen Konzepten lagen, entschied die Jury durch eine Teilung des Preises diese drei Einreichungen gemeinsam zu würdigen. Der Wettbewerb 2016 ergab einen eindeutigen Sieger. Anerkennende Sonderpreise erhielten Beiträge von zwei weiteren Bewerbern. Einzelheiten zu den Preisgewinnern werden in den Kapiteln 2.2 (2013) und 3.2 (2016) näher dargestellt.

1.3 Die Berblinger Jury 2013 und 2016

Dr. Peer Frank (2013+2016) wirkt seit 1980 an der Entwicklung und Erprobung verschiedenster Flugzeuge mit, z.B. an bemannten und unbemannten Flugzeugen mit extremer Flughöhe und/oder Reichweite, Solar- und Muskelkraftflugzeugen, an Business und Commuter Jets, Kolben und Turboprop-Trainern. Er betreibt das Ingenieurbüro Skytec.

Ivo Gönner (2013) wurde 1952 in Laupheim bei Ulm geboren und studierte in Heidelberg Jura. Von 1981 bis 1992 war er selbstständiger Rechtsanwalt in Ulm mit eigener Kanzlei. Von März 1992 bis Februar 2016 war Ivo Gönner Oberbürgermeister der Stadt Ulm.

Prof. Dr. Andreas Friedrich (2013) ist Leiter der Abteilung Elektrochemische Energietechnik im Institut für Technische Thermodynamik des Deutschen Zentrums für Luft- und Raumfahrt e. V. (DLR) und Professor für Brennstoffzellentechnik an der Universität Stuttgart. Die rund 50 Mitarbeiter der Abteilung beschäftigen sich im Bereich Systemtechnik seit einigen Jahren vorwiegend mit der zivilen Luftfahrtanwendung. Für diese Arbeiten hat das DLR zusammen mit Airbus 2008 den f-cell-Award erhalten.

Dr.-Ing. Gert Hinsenkamp (2013 + 2016) wurde 1961 in Pforzheim geboren, studierte von 1981 bis 1987 Maschinenbau mit Schwerpunkt thermische Strömungsmaschinen und promovierte 1993 an der Technischen Universität Karlsruhe über Kennfeldvergleich und Ähnlichkeitsmechanik von Kleinkraftmaschinen zur regenerativen Energienutzung. Er ist in der Forschung und Entwicklung auf den Gebieten Verdichter-, Reformer- und Brennstoffzellen-Technologie tätig und seit 2002 Führungskraft bei der Daimler AG in der Brennstoffzellen-Antriebsentwicklung. Hinsenkamp ist als Motor- und Kunstflugpilot der Fliegerei seit Jugendjahren verbunden.

Dipl.-Ing. Franz Karl (2013 + 2016) war nach seinem Studium der Luft- und Raumfahrttechnik an der Universität Stuttgart als Wissenschaftler an der Fakultät L+R der Universität Stuttgart im Luftfahrt- und Werkstoffbereich tätig. Neben der Lehrtätigkeit bearbeitete er Forschungsaufträge der Industrie. Karl ist Mitglied in mehreren Fachgremien.

Prof. Dr.-Ing. Otto Künzel (Vorsitzender der Jury 2013 + 2016) ist Hochschullehrer für das Fachgebiet Automatisierungstechnik und seit 1954 in der Fliegerei aktiv. Seit 2004 ist er im Ruhestand.

Dipl.-Ing. Christoph Kensche (2016) studierte Luft- und Raumfahrt an der Universität Stuttgart. Nach langjähriger Tätigkeit in der Forschung (DLR, FhG), in der er sich insbesondere der Betriebsfestigkeit von Faserverbundwerkstoffen (FVW) im Leichtflugzeugbau und in Rotorblättern von Windenergieanlagen (WEA) widmete, war er in den letzten Jahren als Senior-Wissenschaftler in einem Unternehmen tätig, das Harz- und Klebersysteme insbesondere für WEA-Rotorblätter sowie für den Flugzeugbau herstellt. Als Hobby betreibt er Segelflugsport und ist seit vielen Jahren Fluglehrer in einem Stuttgarter Sportfliegerclub.

Iris Mann (2016) studierte empirische Kultur- und Politikwissenschaften in Tübingen. Anschließend war sie einige Jahre im Projektmanagement und als Leiterin verschiedener Kultur- und Bildungseinrichtungen tätig. Von 2007 bis 2012 leitete sie die Hauptabteilung Kultur der Stadt Ulm, die unter anderem für die Organisation der Berblinger Wettbewerbe zuständig ist. Seit September 2012 ist sie Bürgermeisterin für Kultur, Bildung und Soziales der Stadt Ulm

Prof. Dr. Ernst Messerschmid (2013) war von 2005 bis 2013 Ordinarius und Professor am Institut für Raumfahrtsysteme der Universität Stuttgart. Außerdem war er Mitglied des Vorstandes des Innovationsrates Baden-Württemberg. Messerschmid betrieb Forschungen im Bereich Architektur von Raumstationen, Transferfahrzeuge zu Mond und Mars, Sicherheit sowie neue Technologien für Subsysteme und Komponenten. Seit November 2013 ist er im Ruhestand.

Dr.-Ing. Michael A. Rehmet (2013 & 2016) studierte Luft- und Raumfahrttechnik in Stuttgart. Bei der Entwicklung und beim Bau des Solarluftschiffes „Lotte" und des Solarflugzeuges „icaré" legte er die Grundlagen für seine Dissertation im Jahr 1998. Anschließend arbeitete er bei Fairchild Dornier und ab 2013 bei Eurocopter (jetzt Airbus Helicopters) im Geschäftsfeld Flugzeugtürsysteme, das er von 2009 bis 2014 leitet. Danach beschäftigte sich Rehmet bis Mitte 2017 mit Verbesserungsprojekten bei Airbus Helicopters und Airbus Defence and Space. Seit Juli 2017 leitet er die Qualitätssicherung für die Produktion der A400M in Spanien.

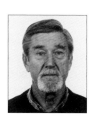

Dipl.-Ing. Josef Prasser (2013 & 2016) ist geschäftsführender Gesellschafter der im Luftfahrtbereich tätigen Firma Wolf Hirth GmbH in Nabern und seit über 50 Jahren aktiver Segel- und Motorflugpilot.

Dipl.-Ing. Bernd Schmidtler (2013 & 2016) entwickelte für seine eigenen Flüge ein ungewöhnliches Fluggerät. Die Tragfläche eines Hängegleiters stattete er mit einem Fahrgestell aus und motorisierte es. Den kompletten Antrieb des schwerkraftgesteuerten Flugzeuges und den Sitz des Piloten baute er in das schwenkbare Fahrgestell ein. Das Fluggerät erhielt den Namen RANGER M. Später bürgerte sich für diese Art von Ultraleichtflugzeug wegen der meist dreieckigen Konstruktion der Name „Trike" ein.

Dipl.-Ing. Peter F. Selinger (Stellvertretender Vorsitzender der Jury 2013 & 2016) geboren 1940, studierte Elektrotechnik an der Universität Stuttgart, war 21 Jahre lang bei einem deutschen Elektro-Großkonzern tätig und hatte danach 12 Jahre lang eine verantwortliche Position beim öffentlich-rechtlichen Rundfunk im Bereich Technik inne. Seit Jahrzehnten die Segelflug-Technik-Entwicklung erforschend verfasste er u.a. Standardwerke zur Geschichte der renommiertesten deutschen Segelflugzeug-Hersteller Schempp-Hirth, Wolf Hirth und Alexander Schleicher und der Nurflügel-Entwicklung der Brüder Horten.

Georg Unseld (2013 & 2016) ist Schreinermeister sowie Gesellschafter und Geschäftsführer der Firmengruppe Unseld Ladenbau. Seit 1969 ist Unseld in der Fliegerei aktiv und nahm an nationalen und internationalen Wettbewerben im Segelflug teil. Er ist erster Vorsitzender im Sportflieger Club Ulm.

Prof. Dr. Werner Tillmetz (2016) leitet seit 2004 als Mitglied des ZSW-Vorstandes den Geschäftsbereich Elektrochemische Energietechnologien und ist Mitglied der Fakultät für Naturwissenschaften der Universität Ulm. Tillmetz promovierte 1984 an der TU München in Elektrochemie und war danach 20 Jahre in verantwortlichen Positionen in der Industrie tätig, unter anderem bei Dornier (Neue Energietechnologien in der Raumfahrt), bei der Daimler Benz AG und bei Ballard Power Systems (Brennstoffzellen-Antriebe) sowie bei der Süd Chemie AG (Katalysatoren). Tillmetz gehört auch zahlreichen Gremien an: So ist er Vorsitzender des Beirates der Nationalen Organisation Wasserstoff und Brennstoffzellentechnologie (NOW GmbH) und seit 2010 Mitgründer und Vorstandsmitglied des Kompetenz-Netzwerkes Lithium Ionen Batterien (KLIB).

Prof. Dr. Karsten Urban (2016) wurde am 03.12.1966 in Hamburg geboren. Beruflich tätig als Professor am Institut für Numerische Mathematik der Universität Ulm.

Prof. Dr.-Ing. habil. Jörg F. Wagner (2013 & 2016) studierte Luft- und Raumfahrttechnik an der Universität Stuttgart, promovierte im Bereich der Technischen Kybernetik und habilitierte auf dem Gebiet der Mechatronik. Von 1993 bis 1996 war er Entwicklungsingenieur bei der Aerodata Flugmesstechnik GmbH, Braunschweig, von 1997 bis 2002 Oberingenieur und Habilitand an der TU Hamburg-Harburg. Seit 1993 ist Wagner Professor für Adaptive Strukturen in der Luft- und Raumfahrt an der Universität Stuttgart/Deutsches SOFIA Institut. Seine Arbeitsgebiete sind Mechanik und Mechatronik, Systemtheorie, Navigation und Wissenschaftsgeschichte.

Dipl.-Ing. Horst Wilser (2016), geboren 1946 in Heidelberg, war nach seinem Studium an der Technischen Universität Stuttgart von 1974 bis 1985 bei der Entwicklung, Zulassung, Flugerprobung und Herstellung von Kunststoffsegelflugzeugen bei Grob Aircraft in Mindelheim tätig. Von 1985 bis 1991 arbeitete er für Porsche in Stuttgart/Weissach und war für die Zulassung des Porsche-Flugmotors und die Betriebsgenehmigungen des Luftfahrtbereichs verantwortlich. Danach arbeitete er 18 Jahre lang für BMW Rolls-Royce in München/Lohhof und anschließend für Rolls-Royce Deutschland in Dahlewitz bei Berlin im Qualitätsmanagement der Turbinentriebwerke. Seit 1963 ist Wilser in der Fliegerei aktiv und war unter anderem in mehreren Flugsportvereinen im Vorstand. seit 2009 ist er im Ruhestand.

Dr. Hartung Wilstermann (2013 & 2016) wurde 1969 in Heidelberg geboren, studierte in Karlsruhe Elektrotechnik und promoviert 1999 in der Daimler-Forschung auf dem Gebiet der Zündanlagen für Verbrennungsmotoren. Von 1999 bis 2010 hatte er verschiedene Funktionen bei der Daimler AG im Bereich der Antriebselektronik, Stopp-Start- und Hybridsysteme inne. Von 2010 bis 2017 war Wilstermann Geschäftsführer der Deutschen ACCUmotive GmbH & Co. KG in Kirchheim u. Teck/Nabern und verantwortlich für die Entwicklung und das Programmmanagement

von Hochvolt-Speichersystemen auf Lithium-Ionen-Basis für automobile Anwendungen. Seit 2017 hat er den Vorsitz über den Bereich E-Solutions und Service bei der Webasto SE in Stockdorf inne und ist verantwortlich für E-Mobilitätsprodukte wie Batterien und Ladesysteme. Seine fliegerische Laufbahn begann Wilstermann in den 80er-Jahren mit Elektro-Modellflug, in den 90ern stieg er auf Segelflug, Motorsegler und Gleitschirm um. Heute konzentrieren sich seine fliegerischen Aktivitäten auf Ultraleicht und selbststartende Segelflugzeuge.

Externe Gutachter

Prof. Loek M.M. Boermans (2013)

Prof. Dr. Christian Breitsamter
(2013)
Lehrstuhl für Aerodynamik
und Strömungsmechanik
TU München

Dipl.-Ing. Rebecca Busch (2013)
Institut für Aerodynamik
und Gasdynamik
Universität Stuttgart

Dr. Manuel Keßler (2013 & 2016)
Institut für Aerodynamik
und Gasdynamik
Universität Stuttgart

Dr. Ing. Thorsten Lutz (2013 &
2016) Institut für Aerodynamik
und Gasdynamik
Universität Stuttgart

Prof. Dr. Ing. Ulrich Rist (2013)
Institut für Aerodynamik
und Gasdynamik
Universität Stuttgart

Dipl.-Ing. Alexander Wolf (2013)
Institut für Aerodynamik
und Gasdynamik
Universität Stuttgart

Dr. Ing. Werner Würz (2013)
Institut für Aerodynamik
und Gasdynamik
Universität Stuttgart

2 Berblinger
Wettbewerb

2013

Stadt Ulm
ulm

2.1 Preisträger und Siegerehrung des Berblinger Wettbewerbs 2013

Oberbürgermeister Ivo Gönner begrüßte die Gäste (Bild: P.F. Selinger)

Für den 16. November 2013 hatte die Stadt Ulm zur Preisverleihung des Berblinger Wettbewerbs 2013 ins Foyer des Ulmer Rathauses eingeladen, an der zahlreiche Wettbewerbsteilnehmer und Gäste teilnahmen. Für die musikalische Umrahmung sorgte die 3-Mann-Kapelle „Berblinger Jazz Fits" Für die ausländischen Gäste übersetzte Frau Ott die Reden ins Englische. Der Jury-Vorsitzende Prof. Dr.-Ing. Otto Künzel bedankte sich für das einzigartige Engagement der Stadt Ulm, die Innovationen in der Allgemeinen Luftfahrt seit 1986 mit dem Berblinger Preis fördert, und lobte die interessanten Beiträge der Wettbewerbsteilnehmer. Ein herzliches Dankeschön ging auch an die Mitglieder der Jury für ihre engagierte und kompetente ehrenamtliche Arbeit und an die Mitarbeiter der Kulturabteilung der Stadt Ulm, für die hervorragende Organisation des Wettbewerbs. Um möglichst viele der guten Bewerbungen zu fördern, wurde das Preisgeld in 15.000, 7000 und 3000 EUR aufgeteilt.

Nach der Preisvergabe durch Oberbürgermeister Ivo Gönner wurde bei Getränken und Snacks rege über das Thema umweltfreundlicher Motorflug diskutiert.

In einer Roll-up-Ausstellung im Ulmer Rathaus, die anlässlich der Preisverleihung eröffnet wurde und bis Dezember 2013 dauerte, wurden alle eingereichten Bewerbungen vorgestellt. Die Ausstellung war auch auf der AERO 2014 in Friedrichshafen zu sehen.

1. Preis: 15.000,- EUR

Stefan Senger, Holzheim

Hybrid-Range-Extender im Segelflugzeug

Stefan Senger reichte nach Meinung der Jury die bestmögliche Lösung für das Problem des ökologischen Langstreckenflugs mit motorgetriebenem Flugzeug ein und wurde dafür mit dem 1. Preis in Höhe von 15.000 EUR ausgezeichnet. Bei seinem Vorschlag handelt es sich um ein solides, alltags- und luftfahrttaugliches Konzept, das auf die Verwendung bereits erprobter Komponenten und Systeme setzt. In der Kombination aller Leistungsmerkmale verspricht dieses Konzept die Vision eines emissionsarmen Donauflugs am besten zu erfüllen. Der Ansatz ist realistisch und vereint die Vorteile eines elektrischen Antriebs mit denen eines Verbrennungsmotors optimal. Kern des Vorschlags ist ein hybrid-elektrischer Antrieb (Range Extender), bei dem ein Motorgenerator mit Verbrennungsantrieb die Versorgung des elektrischen Propellerantriebs unter Zwischenschaltung einer relativ kleinen Pufferbatterie liefert. Das Konzept ist so weit ausgearbeitet, dass nun mit der Realisierung begonnen werden kann. Berechnungen lassen eine Reichweite von über 2500 km erwarten.

Jury-Vorsitzender Prof. Dr. Ing. Otto Künzel, Stefan Senger, Oberbürgermeister Ivo Gönner bei der Übergabe des 1. Preises (Bild: P.F. Selinger)

2. Preis: 7.000,- EUR

Eric und Irina Raymond, Ramona, CA, USA

Sunseeker Duo

Den 2. Preis und ein Preisgeld von 7000 EUR sicherten sich Irina und Eric Raymond aus den USA mit dem Beitrag Sunseeker Duo, dem ersten und einzigen doppelsitzigen Solarflugzeug der Welt, das kurz vor der Flugerprobung steht. Als Solarflugzeug bezeichnet man ein Flugzeug, das ausschließlich durch Sonnenenergie betrieben wird. Das Projekt Sunseeker Duo zeichnet sich durch die Kombination zahlreicher guter Ideen in einem durchdachten Gesamtentwurf aus. Es basiert auf der langjährigen Erfahrung seines Konstrukteurs, einem Pionier der Solarfliegerei. Das neue Flugzeug eröffnet bisher einmalige Chancen der Förderung des Solarflugs und der wissenschaftlichen Forschung für Solarflugzeuge. Damit ist es nun möglich, dass E. Raymond andere Piloten in die speziellen Bedingungen des Solarflugs praxisnah einweist. Ein weiterer wichtiger Aspekt ist, dass dank der Nutzlastreserve umfangreiche Messausrüstungen zur Datenerhebung mitgeführt werden können. Die Auswertungen tragen zum besseren Verständnis der Erfordernisse und Besonderheiten des Solarflugs bei. Mit ausreichender Sonneneinstrahlung sollte das Ehepaar Raymond mit dem Sunseeker Duo die Vision Donauflug erfüllen können.

Überreichung des 2. Preises. Dipl. Ing. Peter F Selinger, stellv. Jury-Vorsitzender, Irina und Eric Raymond, Oberbürgermeister Ivo Gönner. (Bild: P.F. Selinger)

3. Preis: 3.000,- EUR

Björn Drees, Ostelsheim

Ultraleicht-Entenflugzeug in Motorsegler-Konfiguration

Über den 3. Preis und ein Preisgeld von 3000 EUR für sein ambitioniertes Konzept eines doppelsitzigen Entenflugzeugs freute sich Björn Drees aus Ostelsheim, in der Nähe von Weil der Stadt. Das Projekt befindet sich in einer frühen Entwicklungsphase, einige Details bedürfen noch der Klärung. Da die vorgelegten Daten einen emissionsarmen Donauflug in einen realistischen Bereich rücken, hat die Jury beschlossen, das Projekt mit einem Preisgeld zu fördern und den engagierten Konstrukteur zum Weitermachen zu ermuntern. Das Entenflugzeug-Konzept wurde gewählt, da sich damit ein besonders einfaches Antriebskonzept mit Heck-Klapp-Propeller realisieren lässt. Um den Zulassungsaufwand niedrig zu halten, erfolgt der Bau nach UL-Bauvorschriften. Die wesentliche Neuerung des Konzepts ist ein Hybridantrieb aus Verbrennungs- und Elektromotor, bei dem beide Motoren parallel auf den Propeller wirken, aber zeitlich nicht gleichzeitig arbeiten. Für Start- und Anfangssteigflug am Flugplatz wird der Elektromotor benutzt, im Reiseflug arbeitet der Verbrennungsmotor, der die hohe gravimetrische Energiedichte des Flüssigkraftstoffs Benzin nutzt. Der Elektromotor wird aus einem Lithium-Akku versorgt, der von Solarzellen auf den Flügeln geladen wird. Insgesamt stellt der Hybridantrieb ein überaus ehrgeiziges Projekt dar.

Preisübergabe durch Prof. Dr. Otto Künzel und Oberbürgermeister Ivo Gönner (Bild: P.F. Selinger)

2.2 Teilnehmende am Berblinger Wettbewerb 2013

Die Preisträger des Berblinger Wettbewerbs 2013

1. Preis

	Seite	
Hybrid-Range-Extender im Segelflugzeug	25	Stefan Senger, Holzheim

2. Preis

Sunseeker Duo	28	Eric und Irena Raymond, Romona, CA, USA

3. Preis

Ultraleicht-Entenflugzeug in Motorseglerkonfiguration	31	Björn Drees, Ostelsheim

Weitere Teilnehmende

APIS E	34	Michael Buck, Hochschule Esslingen, Teinach-Zavelstein
120-kg-UL mit Hubflügelantrieb HEZ 210	36	Karl-Heinz Helling, Hans Langenhagen, Prof. Dr. Heino Iwe, Dresden
Strahlsegler mit Furbo-Gebläse	38	Georg E. Koppenwallner, Ludwig Plotter, Göttingen
EQUATOR	40	Günter Pöschel, Equator Aircraft Gruppe, Ulm
Eta-Plus	42	Otto Pulch, Stutensee
Solarfunflyer	44	Wilfried Richter, Rödermark
Grenzschichtabsaugung in Luftschrauben Suction Fan	46	Andreas Sattler, Fanjet Aviation, Schorndorf
EFF Emissionsfreies Fliegen	48	Gerrit Schäfer, München
Streckenflug ohne Verbrennungskraftmaschine	50	Lukas Siencnik, Aachen
Projekt Phoenix	52	Martin Stepanek, Phoenix Air, Lechtrad, CZ
JS 2020 E Lightsport Electric Motorglider	54	Jacob Torben, Beckdorf

Abgelehnte Bewerbungen

	Seite	
Don Hegi – ein traggasbefüllter Gleiter		Matthias Blöcher Siegen
Laserkeramikantrieb		Sandor Nagy Erfurt
Katalysatorlaserantrieb mit Hochfrequenzanlage		Sandor Nagy Erfurt
Manntragender Ornithokopter mit aeroflexiblen Eigenschaften		Felix Schaller Grafing
Fortschrittliche hybridelektrische Antriebe für die zukünftige Allgemeine Luftfahrt		Malte Schwarze, Marcus Kreuzer Ostfildern-Nellingen
X-eW		Peter Speidel Hohenstein
Rotationsscheiben zur Effizienzsteigerung aerodynamischer Profile		André Weiß Berlin

Hybrid-Range-Extender im Segelflugzeug

1. Preis: 15.000 EUR

Stefan Senger, Holzheim

Anares 18S/T Hochleistungsflugzeug von Lange Aviation (Bild: Lange Aviation)

Der elektrische Antrieb für Flugzeuge bringt wesentliche Vorteile mit sich, denn er ist

- leise,
- abgasfrei,
- leicht,
- funktionssicher,
- einfach zu bedienen

und erfüllt damit alle Forderungen bezüglich Umweltfreundlichkeit und Sicherheit. Probleme bereitet jedoch die Energieversorgung, die – sieht man von Solarflugzeugen einmal ab – derzeit nur durch Akkus erfolgen kann. Als brauchbare Energiequelle für Elektro-Flugantriebe haben sich LiPo- oder LiIon-Akkus bewährt. Die notwendigen Vorsichtsmaßnahmen bei der Ladetechnik werden gut beherrscht, Vorkehrungen gegen Kurzschlüsse sind jedoch unbedingt zu beachten. Vor allem Flugzeugstrukturen aus Kohlefaser-Werkstoffen bedürfen hier besonderer Sorgfalt. Das Hauptproblem der Energieversorgung aus Akkus ist jedoch deren geringe gravimetrische Energiedichte, d.h. das Speichervermögen pro kg Masse, für das zum Zeitpunkt des Wettbewerbs Werte von 0,15 bis 0,23 kWh/kg üblich waren, was schon bei relativ geringen Reichweiten von 100 bis 400 km zu sehr großen

Akkumassen und entsprechend hoher Flächenbelastung führt. Verglichen damit ist die Energiedichte flüssiger Energieträger, z. B. Benzin, etwa um den Faktor 80 höher. Reichweiten von 1000 km und mehr sind daher mit Verbrennerantrieben kein besonderes Problem. Allerdings sind diese Antriebe aufgrund ihrer Lärm- und Abgasemissionen wenig umweltfreundlich, was insbesondere beim Betrieb in Flugplatznähe immer kritischer gesehen wird.

Vor diesem Hintergrund stellte Stefan Senger in seinem Wettbewerbsbeitrag ein hybrides Antriebssystem vor, das die Vorteile des elektrischen Antriebs beim Start am Flugplatz mit den Vorteilen des Verbrennerantriebs beim Streckenflug kombinierte. Im Ergebnis sollte eine neue Generation von hybridelektrischen Antriebssystemen entstehen, die sich durch Lärmreduktion, geringeres Gewicht und verbesserte Reichweite auszeichnet und die Lücke zwischen dem konventionellen Verbrennerantrieb und dem rein elektrischen Antrieb schließt.

Einige technische Daten der Antares 18	
Spannweite	18 m
Rumpflänge	7,4 m
Leermasse	280 kg
MTOW	600 kg
Beste Gleitzahl	53
Flächenbelastung	36-54,7 kg/m

Als Erprobungsträger für dieses Projekt wurde ein Hochleistungs-Segelflugzeug vom Typ *Antares 18T* gewählt, dessen konstruktive Gegebenheiten (großer Motorkasten, hohes Fahrwerk, Konstruktion der Rumpfspitze) vorteilhaft nutzbar sind.

Antriebssystem

Das hybride Antriebssystem besteht aus
- der Kombination eines Verbrennermotors mit einem Generator (Range Extender), einer Gemeinschaftsentwicklung der Aixro GmbH und der ENGIRO GmbH, Aachen, als zentralem Stromlieferanten,
– einem kleinem Lithium-Akku mit ca. 7 kWh Kapazität für den Start und
– dem als FES-System bezeichneten 20 kW Elektromotor mit Propeller von LZ Design, Slowenien, der in der Rumpfspitze des Flugzeuges untergebracht ist.

Im ausgeschalteten Zustand legt sich der Propeller widerstandsgünstig an den Rumpf an. Durch das hohe Fahrwerk der *Antares* sollte ein Propellerdurchmesser von 1,3 m möglich sein. Der Motoreinbau ist aufgrund eines vorhandenen Ringspants in der Rumpfspitze der *Antares* einfach.

Das FES-Antriebskonzept von LZ Design, 1370 Logatec, Slovenien. (Bild: LZ-Design)

Der Range-Extender mit den Außenmaßen 42 x 29,7 cm nebst 35-l-Tank findet problemlos im Motorkasten der *Antares 18T* Platz. Die Gesamtmasse aller hybriden Antriebskomponenten soll etwa 120 kg betragen, die Leermasse des Flugzeugs damit ca. 400 kg. Als maximale Abflugmasse sind 500 kg geplant, um ein Steigen von 1,5 m/s bei einer Fluggeschwindigkeit von 90 km/h zu erreichen.

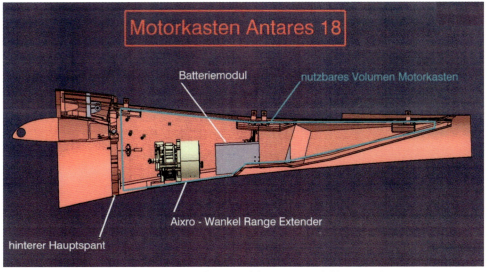

Einbau des Range-Extenders und des Batteriemoduls im Rumpf der *Antares 18T*. (Bild: S. Senger)

Flugprofil

Der Faltpropeller wird für den Eigenstart zunächst vom FES-Elektromotor angetrieben, der vom Lithium-Akku gespeist wird. Sofern aufgrund der Platz- oder Wetterverhältnisse mehr Schub benötigt wird, kann der Range-Extender zugeschaltet werden. Ist nach drei bis vier Minuten mit voller Motorleistung von 20 bis 22 kW ausreichend Höhe erreicht, übernimmt automatisch der Range-Extender die Versorgung des FES-Systems und sorgt mit einer Leistung von ca. 15 kW für ein Steigen von 1,5 m/s. Wird kein Motorbetrieb mehr benötigt, klappt der Propeller an. Der Range-Extender läuft jedoch weiter und lädt die Batterie. Ist sie voll geladen, schaltet er sich ab.

Reichweitenabschätzung

Für den Range-Extender stehen 35 l Kraftstoff zur Verfügung. Bei einem Verbrauch von 5 l/h ergibt sich damit eine Laufzeit von 7 h. Mit einer Steiggeschwindigkeit von 1,5 m/s bei 90 km/h erreicht das Flugzeug in dieser Zeit einen (theoretischen) Höhenunterschied von 37.800 m und legt dabei 630 km Strecke zurück. Aus 37.800 m kann das Flugzeug bei einer Gleitzahl von 53 eine Strecke von 2003 km abgleiten. Zählt man die im Steigflug zurückgelegte Strecke hinzu, so ergibt sich eine Gesamtreichweite von 2633 km.

Bei dieser Berechnung wurde der Einfluss von (thermischen) Aufwinden auf der Strecke nicht berücksichtigt. Da die Antares 18T aber auch ein hervorragendes Segelflugzeug ist, scheint der Donauflug mit 35 l Kraftstoff möglich. Dies entspräche einem Verbrauch von 1,34 l/100 km.

Sunseeker Duo

2. Preis: 7000 EUR

Eric und Irena Raymond, Ramona, CA, USA – Solar Flight Inc.

Der *Sunseeker Duo* bei seinem Erstflug in Voghera/Italien, der wenige Monate nach Abschluss des Berblinger Wettbewerbs 2013 stattfand (Bild: Eric Raymond)

Nachdem der Solarflugpionier Eric Raymond mit dem einsitzigen Solarflugzeug Sunseeker II beim Berblinger Flugwettbewerb 2011 einen ersten Preis gewonnen hatte, nahm er mit seiner Frau Irena auch am Berblinger Wettbewerb 2013 teil. Das Projekt ist diesmal ein doppelsitziges Solarflugzeug mit der Bezeichnung *Sunseeker Duo*. Die Bezeichnung „Solarflugzeug" kennzeichnet ein Flugzeug, das ausschließlich mit Sonnenenergie betrieben wird. Der *Sunseeker Duo* ist der weltweit einzige Solar-Doppelsitzer und der logisch nächste Schritt in der Entwicklung der Solarflugzeuge. 1981 begann sie mit dem *Solar Challenger* von Paul MacCready, wurde 1996 im *icaré* der Universität Stuttgart weitergeführt und führte schließlich zu den *Sunseeker I* und *II* (2006) von Eric Raymond. Daneben gab es zwar andere Versuche, die allerdings weniger erfolgreich blieben.

Der *Sunseeker Duo* zeichnet sich durch die Kombination zahlreicher guter Ideen aus, die in einem durchdachten Gesamtentwurf eingebettet sind, und basiert auf langjährigen Erfahrungen und vielen Flugstunden mit Solarflugzeugen. Der Donauflug könnte durch die Nutzung von Sonneneinstrahlung, thermischen Aufwinden und gespeicherter Energie im Akku bei geeigneten Wetterlagen trotz einer geringen Reisegeschwindigkeit in Etappen emissionslos gelingen.

Das Projekt war zum Zeitpunkt des Wettbewerbs weit fortgeschritten und nur noch wenige Monate von der Phase der Flugerprobung entfernt.

Technische Beschreibung

Der *Sunseeker Duo* ist ein doppelsitziger Motorsegler mit hoher Flügelstreckung und stellt eine Anwendung extremer Leichtbaukonstruktion dar. Als Baumaterial für das gesamte Flugzeug wurden Kohlefaser-Prepregs und Nomex-Waben verwendet, die sich durch hohe Steifigkeit, Langlebigkeit und erhebliche Gewichtsvorteile auszeichnen. Für die Auslegung des Cockpits mit nebeneinanderliegenden Sitzen wurden die Formen des Motorseglers Stemme S-10 eingesetzt. Die Sitze lassen sich in eine Liegestellung bringen, sodass eine Person während des Flugs ruhen kann. Um Bauzeit und Kosten zu sparen, verwertete Raymond verschiedene Serienbauteile der Stemme S-10.

Die Cockpithaube kann im Flug geöffnet bleiben. Dazu wurde das Stemme-Cockpit um 50 cm verlängert. Für beide Piloten gibt es jeweils eine Sauerstoffanlage. Hinter den Sitzen ist Platz für einen Gepäckraum. In den Rumpf ist ein einziehbares 3-Bein-Fahrwerk integriert, dessen Bugrad steuerbar ist, um ein einfaches Bodenhandling zu gewährleisten.

Blick auf das Instrumentenbrett (Bild: E. Raymond)

Um den Schwerpunkt unabhängig von der Zuladung (1- oder 2-sitzig) im widerstandsärmsten Bereich zu halten, lässt sich der Akku im Rumpfmittelteil auf Schienen verschieben.

Der leicht geschränkte Flügel sitzt auf einem Pylon über dem Rumpf und damit außerhalb von dessen Strömungsfeld. Für den Bau des Flügels konnten die Formen des icaré-Flügels verwendet werden, die vom Institut für Flugzeugbau IFB der Universität Stuttgart (Prof. Voith-Nitschmann) zur Verfügung gestellt wurden. Die Flügelform entspricht daher der icaré. Raymond hat den Flügel modifiziert und über die gesamte Spannweite Klappen vorgesehen, was Vorteile sowohl im Langsam- als auch im Schnellflug mit sich bringt. Im inneren Teil können die Klappen bis 90 Grad abgesenkt werden und dienen dann als Bremsklappen bei der Landung. Außerdem ist der Einstellwinkel der Tragfläche veränderbar, derzeit allerdings nur am Boden. Die Flügel sind in der Mitte geteilt und können zum einfachen Hangarieren beigeklappt werden. Im Vergleich zur icaré hat der *Sunseeker Duo* eine etwas höhere Flächenbelastung und damit eine um 9 km/h höhere Geschwindigkeit für das beste Gleiten.

Der Schwebeleistungsbedarf für den *Sunseeker Duo* wurde mit rund 4 kW ermittelt. Der Solargenerator aus 2000 SunPower-C65-Zellen liefert bei voller Einstrahlung von 1 kW/m^2 (Sonnenhöchststand an klaren Tagen) um die 5 kW Ausgangsleistung. Damit ist ein Horizontalflug im Bereich von 65 bis 70 km/h möglich.

Der elektrische Antrieb ist vor dem Seitenleitwerk in einem Ausleger montiert und treibt eine Verstell-Klappluftschraube als Zugpropeller direkt an. Durch diese Konstruktionsmaßnahme wurde ein großer Propellerdurchmesser mit hohem Wirkungsgrad möglich, und die Solarfläche wird nicht abgeschattet. Der Propeller ist für einen maximalen Wirkungsgrad in 3000 m Höhe ausgelegt, damit bei hoher Sonneneinstrahlung über den Wolken geflogen werden kann. Im Störungsfall ist es möglich, ihn mit einer Scheibenbremse zu stoppen. Der Elektromotor ist eine gewichtsoptimierte Variante des 35-kW-Antriebs der Firma Pipistrel und wurde von Roman Susnik, Slowenien, entwickelt.

Als Energiespeicher dient ein Lithium-Akku von KOKAM. Er liefert eine Spannung von 375 bis 280 V (Entladeendspannung) und hat eine Kapazität von 4,8 kWh. Damit ist eine Steighöhe von 1400 m bzw. eine Flugdauer von 80 min möglich, was einer Reichweite von etwa 80 km entspricht. Für das Bordnetz werden aus dem Akku über Spannungswandler 12 und 24 V erzeugt.

Sunseeker Duo Flächen beigeklappt (Bild: E. Raymond)

Technische Daten (Herstellerangaben)	
Spannweite	22 m
Länge	8,8 m
Leermasse	280 kg
MTOW	480 kg
Gleitzahl	40
Antrieb Dauerleistung	20 kW
Spitzenleistung	25 kW
Solargenerator	4,5 kW
v_C solar	70 km/h
v_{NE}	185 km/h
Max. Flughöhe	30.000 ft
Bestes Gleiten	ca. 47

Irena und Eric Raymond auf dem Flug nach Pavulo (Bild: E. Raymond)

Anmerkungen:
Nach Abschluss des Berblinger Wettbewerbs 2013 ging das Projekt zügig weiter:
Schon am 17. Dezember 2013 erfolgte der Erstflug des Sunseeker Duo im Segelflug.
Am 22. April 2014 fand der erste Flug mit Motor in Voghera/Italien statt.
Am 30. Mai 2014 folgte der erste doppelsitzige Flug mit Irena Raymond als Copilotin.
Am 21. Juni 2014 flogen Eric und Irena Raymond in drei Stunden zum 100 Meilen entfernten Flugplatz von Pavulo/Italien und danach zurück nach Voghera.

Ultraleicht-Entenflugzeug
in Motorseglerkonfiguration

3. Preis: 3000 EUR

Björn Drees, Ostelsheim

Computer-Simulation des Flugzeugentwurfs von Björn Drees (Bild: B. Drees)

Der Wettbewerbsbeitrag von Björn Drees beschreibt ein ausführliches Konzept für einen leistungsfähigen doppelsitzigen Motorsegler in Entenkonfiguration. Wegen des geringeren Aufwands soll die Zulassung nach den Bauvorschriften für Ultraleicht-Flugzeuge (LTF-UL 337) erfolgen, was aufgrund des Gewichtslimits von 472,5 kg hohe Maßstäbe an den Leichtbau setzt. Die Auslegung als Motorsegler wurde gewählt, da dessen große Auftriebsflächen viel Auftrieb erzeugen und einen widerstandsarmen Flug bei geringen Geschwindigkeiten ermöglichen. Dies kommt dem Energieverbrauch des Antriebs zugute. Die großen Oberflächen bieten sich an, Solarzellen darauf zu installieren, die als zusätzliche Energiequelle dienen können.

Das Konzept von Björn Drees ist nicht neu. Bereits beim Berblinger Wettbewerb 2006 wurde mit dem Entenflugzeug DESIE von Wolfgang Liehmann, Weingarten, ein ähnliches Konzept mit einem Preis ausgezeichnet. Im Gegensatz zu DESIE, das mit einem reinen Elektroantrieb betrieben werden soll, verwendet Drees im Hinblick auf die Langstreckentauglichkeit einen Hybridantrieb.

Für seinen Entwurf hat er die frei verfügbare Entwurfssoftware XFLR5 eingesetzt. Dieses Programm wurde von Mark Drela und Harold Youngren entwickelt, um Analysen von Profilen, Flügeln und ganzen Flugzeugen im Unterschallbereich auf Basis der Vortex-Lattice-Methode (VLM) durchzuführen. Es greift auch auf das Programm XFoil zurück, mit dem Profile durch inverse Berechnung sowohl entworfen als auch nachgerechnet werden können. Die dazugehörigen Profil-Polaren werden zu einem späteren Zeitpunkt im Programm XFLR5 für die Berechnung des Gesamt-Flugzeugs mit der VLM-Methode angewendet. Durch einfaches Erstellen der Flugzeuggeometrie mittels Eingabe der Profilpositionen und weiteren Geometrieinformationen (Profillänge, Anstellwinkel, Flügel-V-Form) können Flügelsysteme einschließlich Höhen- und Seitenleitwerk schnell erzeugt werden. Die Verteilung der für die VLM notwendigen Flächensegmente kann bis zu einer Gesamtanzahl von 2000 dieser sogenannten Panels gewählt werden, wodurch eine sinnvolle Diskretisierung des Flügels erreicht wird.

Der Rumpf lässt sich ebenfalls als Panel-Oberfläche modellieren. Hierzu gibt man einige relevante Querschnitte ein.

Technische Entwurfsdaten

Flugzeug

Anzahl Insassen (side by side)	2
MTOW (inkl. Gesamtrettungssystem)	472,5 kg
Länge ohne Faltpropeller	5 m
Cockpitbreite	1,3 m
Dreibein-Einziehfahrwerk	
Lastvielfache nach LTF-UL 337:	+4/-2 g

Hauptflügel

Spannweite 16	m
Pfeilung	13,4 °
Streckung	18,89
Profil	HQ34N/15,12

Canard-Flügel

Spannweite	6,0 m
Pfeilung	11,3 °
Streckung	14,8
Profil	Eppler E399

Seitenleitwerk

Höhe	1,354 m

Geschwindigkeiten

Rechnerische Stall-Geschwindigkeit mit gesetzten Klappen v_{SO}	65 km/h
Angenommene horizontale Maximalgeschwindigkeit mit Motor v_c	200 km/h
Manövergeschwindigkeit v_A	158 km/h
zuläss. Maximalgeschwind. v_{NE}	240 km/h

Björn Drees legte mit diesem Entwurfstool nebenstehende Daten fest.

Für den Hauptflügel wurde das Profil HQ34N/15,12 des Nurflügelflugzeugs SB13 der Akaflieg Braunschweig verwendet. Es handelt sich dabei um ein Laminarprofil, das ausreichend hohe Auftriebsbeiwerte liefert und dessen Laminardelle ungefähr innerhalb des Anwendungsspektrums des Entenflugzeugs liegt. Das Profil arbeitet bei niedrigen Reynoldszahlen (Langsamflug) ausreichend zuverlässig, sodass man es auch für langsames Thermikkreisen verwenden kann.

Als Basisdaten für den Propeller wurde ein Durchmesser von D = 1,76 m bei einer Fluggeschwindigkeit von v = 32 m/s mit einer Drehzahl von 1800 U/min gewählt. Die erforderliche Schubkraft für den Horizontalflug von 183 N erreicht dieser Propeller bei einer Motorleistung von P = 6,86 kW (ca. 9 PS).

Viel Arbeit hat Drees in ein umweltfreundliches Konzept für den Antrieb investiert. Da die gravimetrische Energiedichte verfügbarer Lithium-Akkus zum Zeitpunkt des Entwurfs nicht für Flugzeiten bzw. Flugstrecken ausreichte, wie sie der Donauflug als Langstreckenflug erfordert, bleibt als Lösung nur eine Kombination von Elektro- und Verbrennerantrieb – also ein Hybridantrieb – übrig.

Der Antrieb besteht aus folgenden Komponenten:
- 4-Takt-Verbrennungsmotor mit 26 PS, z. B. Verner JCV360 als Primärantrieb (21,4 kg komplett)
- Elektromotor mit 35 kW, z. B. EMRAX von Enstroj als Sekundärantrieb (ca. 20 kg inkl. Kühlung und Regler)
- LiPo-Akkumulator als Elektro-Pufferspeicher für Steigflüge (so viele Zellen wie gewichtstechnisch möglich)
- Solarzellen auf Flügel- und Rumpfflächen als Elektrizitätsregenerator (400 Stück für eine Spannung von 212 V und einem Gesamtgewicht von 5,6 kg, Leistung max. 1,8 kW)

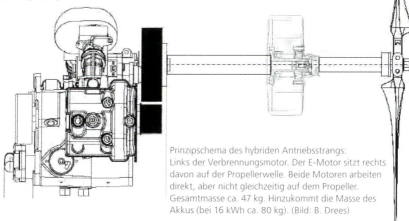

Prinzipschema des hybriden Antriebsstrangs: Links der Verbrennungsmotor. Der E-Motor sitzt rechts davon auf der Propellerwelle. Beide Motoren arbeiten direkt, aber nicht gleichzeitig auf dem Propeller. Gesamtmasse ca. 47 kg. Hinzukommt die Masse des Akkus (bei 16 kWh ca. 80 kg). (Bild: B. Drees)

Das Missionsprofil eines Fluges könnte damit etwa so aussehen:
- Aufladen des Akkumulators am Boden per Solarzellen
- Start mit Elektromotor
- Steigflug mit Akku solange möglich
- Umschalten auf Verbrennungsmotor, um Strecke zu fliegen, gleichzeitig Laden des Akkus per Solarzellen
- Mittlerer bis starker Aufwind wird im Segelflug genutzt und dadurch zusätzlich potenzielle Energie, d. h. Höhe, gewonnen
- Abgleiten bis zu einer definierten Minimalhöhe
- Durch geschicktes Abwechseln zwischen Verbrennungs- und Elektromotor kann die Distanz äußerst ökologisch geflogen werden

Details zur Bauausführung und weitere technische Details sind im Konzept nur andeutungsweise ausgeführt.

Ein mögliches Rumpfkonzept zeigt folgende Skizze:
Es wird mit einer Bauzeit von drei bis fünf Jahren gerechnet.
Zur Überprüfung des Konzepts ist ein ferngesteuertes Modell mit Verbrennerantrieb im Maßstab 1:3 in Arbeit.

APIS E

Michael Buck
Hochschule Esslingen, Institut für nachhaltige Energietechnik und Mobilität, Esslingen

APIS 2 im Segelflug (Bild: Wezel Flugzeuge GmbH)

Der APIS 2, ein einsitziges, eigenstartfähiges Leistungssegelflugzeug der UL-Klasse (UL-Motorsegler) in moderner Composite-Bauweise, stammt von der Wezel Flugzeuge GmbH. Als Antrieb dient der Göbler-Hirth-Einzylinder-Zweitaktmotor F33B, der eine Leistung von 19 kW bei 6300 U/min abgibt.

Die Idee für den Wettbewerbsbeitrag, den eigenen APIS 2 auf elektrischen Antrieb umzurüsten, kam Michael Buck „nach unzähligen Werkstattstunden zur Wartung, Reparatur und Instandsetzung des leider sehr fragilen Göbler-Hirth-Antriebs". Um den Zulassungsaufwand und die Kosten für die Realisierung seiner Elektrovariante gering zu halten, sollen Zellen-, Flügel- und Leitwerksstruktur des Standard APIS 2 unverändert übernommen werden. Gleiches gilt für den Propeller und die Ansteuerung zum Aus- und Einfahren des Antriebs. Der Wegfall der Komponenten des Verbrennerantriebs, wie Motor, Abgasanlage, Elektrostarter, Kraftstoffanlage, bringt für das elektrische System einen Massenspielraum von etwa 40 kg, wenn sich die Leermasse des Flugzeugs nicht ändert. Michael Buck rechnet mit folgenden Werten:

LiIon-Akku	30,3 kg
(entspricht ca. 5 kWh) – Sony KONION 2000	
Motor	5,2 kg
(18 kW) – Smoto, Ergolding	
Controller	1,5 kg
w.o., Systemspannung 60 V	
DCDC-Wandler	0,2 kg
Backup-Batterie	0,8 kg
Kabel	1,5 kg
Steuergerät	0,3 kg
Summe	39,8 kg (+/- 2,3 kg)

Vorläufige technische Daten		
Spannweite	15	m
Länge	6,5	m
Leermasse	ab 210	kg
MTOW	320	kg
V_{NE}	200	km/h
Gleitzahl – bei 95 km/h	39	
Geringstes Sinken – bei 80 km/h	0,6	m/s
max. Steigen	2,3	m/s
E-Motor	18	kW
LiIon-Akku	5	kWh

Für den Betrieb des Flugzeugs gibt es eine Reihe von innovativen Ideen:
– Um Gewicht zu sparen, könnten die vorhandenen Landeklappen durch eine geeignete Reversion des Elektromotors ersetzt werden.
– Die notwendige Trimmanpassung an unterschiedliche Pilotengewichte soll durch Verschieben des Akkus auf einer Schiene erreicht werden.
– Für das Navigationssystem ist die Funktionserweiterung „Platz erreichbar mit Motorhilfe" angedacht, die die Restenergie des Akkus auswertet.
– Geplant ist zudem eine rechnergestützte Methode zur Ermittlung geeigneter Betriebsstrategien für unterschiedliche Flugsituationen, die die Daten des Navigationssystems nutzt und einen effizienten Einsatz der begrenzten Energie des Akkus ermöglicht.

Der Donauflug ist für den APIS E eine Herausforderung. Ohne thermischen Streckenflug ergeben sich Etappen von etwa 120 km. Daher schlägt Michael Buck eine Konstruktion des Motorträgers vor, die einen einfachen Austausch des E-Motors durch einen Verbrenner für Gebiete bzw. Zeiten ohne Thermik ermöglicht.

Anmerkung: 2011 hat Martin Wezel die Rechte am APIS 2 (und dem UL-Touring-Motorsegler VIVA) an den chinesischen Hersteller Yuneec verkauft, der den APIS 2 nur noch mit einem eigenen 20-kW-Elektromotor ausliefern will. Um den Anlauf der Serienfertigung im Werk bei Schanghai zu unterstützen, war Martin Wezel dort als Berater tätig. Im Rahmen dieser Tätigkeit kam er am 9. Mai 2011 bei einem Flugunfall ums Leben.

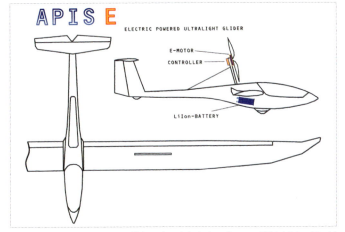

Einbau des elektrischen Systems (Bild: Michael Buck)

Die Aktivitäten der Wezel Flugzeuge GmbH hat Götz Vogel im April 2014 übernommen und den Betrieb vom Flugplatz Mengen nach Melle verlegt.

120-kg-UL mit Hubflügelantrieb HE 210

Karl-Heinz Helling, Hans Langenhaben, Prof. Dr. Heino Iwe
Modellflugclub Rosendorf e.V., Dresden

Karl-Heinz Helling mit seinem Schlagflügelmodell HE 209 (Bild: K.-H. Helling)

Nachdem Karl-Heinz Helling in mehr als 20 Versuchsjahren mit ferngesteuerten Modellen die Machbarkeit des Flugantriebs mit integriertem Schlagflügel erfolgreich nachgewiesen hat, reichte er für den Berblinger Wettbewerb 2013 das Projekt „120-kg-UL mit Hubflügelantrieb HE 210" ein. Bei der Realisierung unterstützten ihn Mitarbeiter und Partner aus der Industrie.

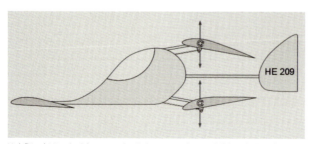

Hubflügel-UL mit sich gegenphasig bewegenden und dabei drehenden Doppelflügeln (Bild: K.-H. Helling)

Das Prinzip

Bei diesem Ansatz schlägt der Flügel insgesamt auf und nieder und wird dabei, abhängig von seiner Position, verdreht. Ein zweiter, genau gegenphasig schlagender Flügel sorgt für einen konstanten Auftrieb und den Ausgleich der Momente. So ergibt sich ein ruhiger Flug. Im Gegensatz zu einem Flugzeug mit Propellerantrieb ist der Wirkungsgrad des Schlagflügelantriebs mehr als doppelt so hoch.

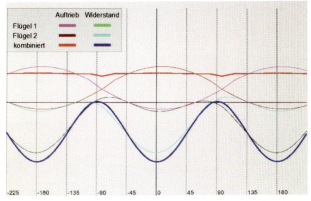

Auftrieb und Widerstand zweier sich gegenphasig bewegenden Flügel und deren Summe (Bild: K.-H. Helling)

Die folgenden Bilder zeigen den Baufortschritt des UL-Projekts im Juni 2014

Rohbau der Kabine mit Entenflügel

Technische Daten für das Projekt Einmotoriges Elektro-UL mit Doppel-Hubflügel
(Bewerberangaben)

Spannweite	7,5 m
Streckung	15
2 Tragflächen (für V_{min} 64 km/h) à 3,77 qm	
Flügelprofil	modifiziertes Clark Y
Entenflügel	2,0 qm
max. Abfluggewicht	200 kg
Leergewicht	120 kg
V_{reise}	100 km/h
V_{stall}	< 64 km/h*
Motorleistung > 10 kW Propellerbetrieb**	
Motorleistung < 5 kW Hubbetrieb**	
Leistungsbedarf V_{reise} (100 km/h)	4,3 kW

* Sowohl im Propeller- als auch im Hubmodus gibt es keinen vollständigen Strömungsabriss. Die Maschine nickt lediglich über den gestallten Entenflügel, um wieder Fahrt aufzunehmen. Damit ist dieses Flügelkonzept auch trudelsicher.
** einmotorig mit entsprechendem Getriebe für Propeller- oder Hubbetrieb

Flügelantrieb

Das Projekt ist ein mutiger Versuch, Innovationen in der allgemeinen Luftfahrt zu erproben. K.-H. Helling erhielt dafür das Patent „Schlagflügel. DD292186 A5".

Flügelmittelstücke
(Bilder: K.-H. Helling, MFC Rossendorf)

EQUATOR

Günter Pöschel, EAC Equator Aircraft Gruppe, Ulm

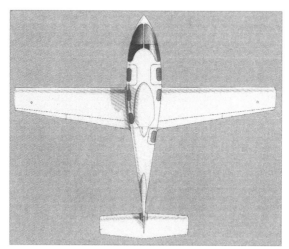

Dreiseitenansicht des 13-sitzigen Prototyps EQUATOR P-300 B1 (Bild: EAC)

Die Gruppe Günter Pöschel/EAC beteiligte sich am Berblinger Wettbewerb 2013 mit dem Konzept für eine modular aufgebaute Familie von Amphibienflugzeugen, die vom einfachen Einsitzer bis zum 20-Sitzer mit Druckkabine reicht und auch mit einem besonders umweltfreundlichen Dampfmotor ausgestattet werden könnte. Das Projekt wurde entwickelt von einer kleinen Gruppe freier Forscher, Techniker, Handwerker, Kaufleute, Zulieferern und vielen Helfern, die sich *Equator AirCraft* nennt und in der Ulmer Gegend zu Hause ist.

Der 13-sitzige Prototyp P-300 wurde in den 1980er-Jahren noch mit einem konventionellen luftfahrtzugelassenen Triebwerk gebaut und geflogen. Seit Ende der Erprobung im Jahr 1988 steht das Flugzeug auf dem Flugplatz Erbach. Filme aus der Zeit der Erprobung sind im Internetportal YouTube zu sehen.

Merkmale, Bauart, Bauweise

Der Prototyp ist in herkömmlicher Faserverbund-Technologie gebaut. Für den Bau eines neuen *EQUATORS* würde man heute die Technologie nutzen, die bei den Flügeln für Windkraftanlagen eingesetzt wird. Der *EQUATOR* ist mit einem Schwimmflügel versehen, wodurch die Überschlaggefahr verringert und die Kentersicherheit erhöht werden. Der Flügel enthält einen Tank und ein Einziehfahrwerk und kann als Laufsteg beim Anlegen benutzt werden. Seine flexiblen Klappen und Ruder sind ein fester wie hilfreicher Bestandteil des Flugzeugentwurfs. Sie verhindern das Durchströmen von der Druck- zur Saugseite, verringern damit Widerstand und Geräuschentwicklung, erhöhen die Flattersicherheit und beim Schwimmflügel verhindern sie, dass Wasserschläge die Klappen und Querruder beschädigen.

Das elektrische System und alle Leitungen des *EQUATORS* liegen oberhalb der Wasserlinie. Auf dem Höhenleitwerk befinden sich wasserdicht einlaminiert die Solarzellen des elektrischen Systems. Alle Anlenkungen von Klappen und Ruder sind innerhalb der Struktur. Die Stoßstangen der Steuerung sowie die Umlenkhebel bestehen aus faserverstärktem Kunststoff. Beladen wird das Flugzeug durch die Öffnungen der niedrig liegenden geräumigen Kabine von beiden Seiten, sodass sich der Schwerpunkt im mittleren Bereich befindet. Im Wasser wird das Flugzeug mit dem ausfahrbaren Wasserruder und dem Umkehrschub des Propellers manövriert. Der Bootsrumpf ist hydrodynamisch sauber ausgelegt. Der Antrieb sitzt auf einem Pylon auf dem Rumpfrücken, was Zugänglichkeit, Wirkungsgrad und Sicherheit zugutekommt.

Dampfmotor

Zentrale Innovation des Wettbewerbsbeitrags ist die Kombination aus Porenbrenner-Dampferzeuger und Axialkolben-Dampfmotor, die von einer Realisierung allerdings noch entfernt ist.
Porenbrenner, wie sie die Firma PROMEOS, Erlangen, baut, sind besonders effiziente und umweltfreundliche Wärmeerzeuger. „In einem Porenbrenner findet die Verbrennung (des Brennstoffs) nicht mehr in der offenen Flamme statt, sondern in einer porösen Hochtemperaturkeramik. Das Resultat ist eine flammenlose, volumetrische Verbrennung in Form eines glühenden Keramikschaums. Dieser kann sowohl als strahlende Oberfläche als auch als homogene Hitzequelle genutzt werden. Neben einer einschlägigen Leistungsdichte von teilweise mehr als 3 MW/m^2 sticht der Porenbrenner auch durch seine einzigartige Anpassungsfähigkeit an beliebige Formen hervor und ist in einem Leistungsbereich von 1:20 stufenlos regelbar." (Quelle: Produktinformation Promeos).
Mit einem Porenbrenner als Dampferzeuger soll ein Eintakt-Axialkolbenmotor angetrieben werden, für den Günter Pöschel 2008 ein Patent erhalten hat (Nr. 10 2004 034 719).

Axialkolbenmotoren entsprechen klassischen Hydraulikmotoren und sind einfach aufgebaut: Im Inneren eines zylindrischen Gehäuses sitzt eine Welle mit Taumelscheibe, an der sich axiale Doppelkolben abstützen. Durch den Druck der Kolben auf die Taumelscheibe beginnt sich diese zu drehen und bewegt die Welle. Es treten dabei keine resultierenden Massenkräfte auf, da sich die Kolben im Gleichlauf entgegengesetzt bewegen. Es arbeiten immer zwei Kolben rechts und links auf die Taumelscheibe. So ist ein Achtzylinder mit vier Doppelkolben mit jeweils 90 Grad Versatz der kleinste Motor. Durch Anpassung der Verweilzeit der Taumelscheibe in OT und UT kann eine Anpassung an das Arbeitsmedium erreicht werden.

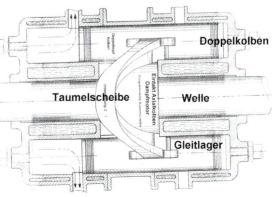

Eintakt-Axialkolben-Dampfmotor (Bild: EAC)

Eta-Plus

Otto Pulch, Stutensee, **Hans Hurrle,** Untergruppenbach (Koop.-Partner)

Modellansicht des Amphibienflugzeugs Eta-Plus (Bild: O. Pulch)

Der Wettbewerbsbeitrag Eta-Plus von Otto Pulch und seinem Kooperationspartner Hans Hurrle umreißt das Konzept für ein Amphibienflugzeug, das als wesentliches Charakteristikum von einem Zweizylinder-Gegenkolbenmotor mit 74-kW-Leistung angetrieben wird.

Beschreibung der Flugzeugzelle

Otto Pulch stellt sich einen zweisitzigen, freitragenden Schulterdecker mit einem zentralen Bootskörper (s. Bild) und einziehbarem Spornradfahrwerk mit 20 m Spannweite vor. Ein Vorflügel soll eine geringe Mindestgeschwindigkeit ermöglichen. Der Aufbau soll in Kohlefasertechnik in Anlehnung an die Bauvorschriften für die UL-Klasse erfolgen, allerdings ist deren Gewichtslimit nicht einzuhalten. Für die Masse von Besatzung, Treibstoff, Ausrüstung und Motor sind 380 kg angesetzt. Hinzukommt das Gewicht der Zelle, sodass eine geschätzte maximale Abflugmasse (MTOW) von 800 kg erreicht wird. Durch eine aerodynamisch sorgfältige Auslegung des Flugzeugs soll eine Reisegeschwindigkeit von 200 km/h erreicht werden.

Für den Fall einer Außenlandung in schwierigem Gelände erhält der Bootskörper als Schutzmaßnahme zusätzlich zum Fahrwerk an der Unterseite zwei gummigefederte Kufen. Dazwischen ist eine gleichsinnig mit den Landeklappen zu betätigende, ausfahrbare Stufe für den Wasserstart angeordnet. Die Kabinenhaube ist hinter der festen Frontscheibe zum einfachen Ein- und Ausstieg längs geteilt. Gleichzeitig erleichtert dies das Paddeln beim Manövrieren mit stehendem Motor.

Antrieb

Für den Donauflug ist ein Zweizylinder-Gegenkolbenmotor mit Kompressionszündung, Qualitätsregelung, Gleichstromspülung und Direkteinspritzung vorgesehen. Der Ladungswechsel wird durch Düsenunterstützung nach einem Patent von Otto Pulch (DE 10 2009 057 144 B3 2011.05.05) verbessert. Der Motor erhält 2000 cm^3 Hubraum und bringt eine Leistung von 74 kW. Der Gesamtwirkungsgrad sollte über 50 Prozent liegen.
Bei Brandgefahr wird dieser gesperrt und der Raum mit Feuerlöschmitteln geflutet.

Die Motorleistung wird über eine Welle mit Winkelgetrieben oder einen Zahnriemen zu einem 4-Blatt-Verstellpropeller übertragen, der in einem Turm auf dem Rumpfrücken gelagert ist (s. Bild). Die Propellerwelle ist so gelagert, dass eine ständige Messung von Drehmoment und Schub erfolgt. Zusammen mit der Drehzahl erhält man so einen Überblick über die anliegende Leistung, den Schub und den Verbrauch, der damit optimiert werden kann. Der Wirkungsgrad des Propellers lässt sich über den Fortschrittsgrad ebenfalls optimieren. Der Eintritt für Kühl- und Ladeluft für den Motor befindet sich hinter der Propellerebene. Die Ladeluft wird ohne Energieverlust des Motors über die Abgasenergie gefördert (ATL), die Kühlluft wird durch Abgas-Ejektoren lastabhängig gefördert. Die Einspeisung der erwärmten Kühlluft in den Propellerstrahl zusammen mit dem Abgas (Tmisch = 2300 C) bringt eine Schuberhöhung.

Solarfunflyer

Wilfried Richter, Rödermark

Ferngesteuertes Modell des *Solarfunflyers* (Bild: W. Richter)

Der Wettbewerbsbeitrag ist ein sehr knapp gehaltener Konzeptvorschlag für ein Solarflugzeug, das Wilfried Richter wie folgt beschreibt: „Fluggerät mit großem Solargenerator und auftriebsverstärkender Schubmotoranordnung, das den Namen *Solarfunflyer* trägt. Der *Solarfunflyer* soll Freude machen durch geringe Baukosten, leichte Handhabung, maximale Sicherheit und minimale Betriebskosten. Die große Solarfläche ermöglicht eine autarke Energieversorgung des Fluggeräts." Als Demonstrator für das Projekt wird ein ferngesteuertes Modell im Maßstab 1:6 angeführt, zu dem aber keine technischen Detailangaben vorliegen.

Die knappen Angaben in der Bewerbung geben leider keinen näheren Aufschluss über einen theoretisch ausgearbeiteten Entwurf für ein realisierbares Solarflugzeug. Eine grobe rechnerische Überprüfung der Entwurfsdaten lässt einen hohen induzierten Widerstand erwarten, der zu einer geringen Gleitzahl von 4 bis 5 führt. Daraus ergibt sich eine notwenige Schwebeleistung von 8 kW. Durch die gewählte Antriebsanordnung mit 45 Grad Neigung erhöht sich diese auf rund 12 kW.

Heutige Solarzellen liefern etwa 200 W/m² (bei einer Einstrahlung von 1000 W/m² und einem Wirkungsgrad von 20 Prozent), Hochleistungszellen knapp das Doppelte. Mit einer Solarfläche von 22 m² stehen beim *Solarfunflyer* maximal etwa 2,5 bis 4 kW zur Verfügung, die für einen reinen Solarflug nach Einschätzung der Jury nicht ausreichen.

Einige Konstruktionsdaten (Bewerberangaben)

Spannweite	8 m
Länge	6 m
Flügelfläche	24 m²
	davon 22 m² Solarfläche
Leermasse	120 kg
MTOW	240 kg
Notwendige Antriebsleistung	
Reiseflug	2,4 kW
Start (für max. 10 min)	11 kW
Motor und Akku	keine Angaben

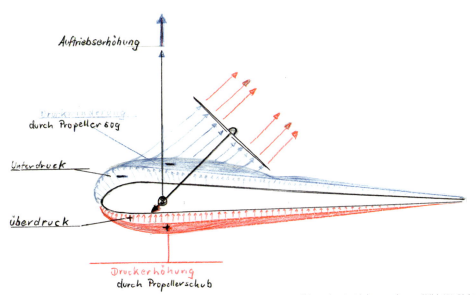

Skizze der Antriebsanordnung (Bild: W. Richter)

Grenzschichtabsaugung in Luftschrauben
Suction Fan

Andreas Sattler – FanJet Aviation GmbH, Schorndorf
CFD Consultants GmbH und Fischer Flugmechanik (Koop.-Partner)

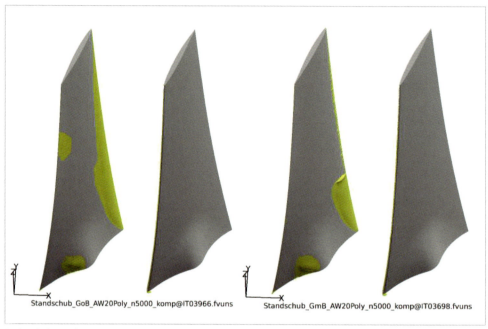

Rechnerische Ergebnisse zur Strömungsablösung bei einer Mantelluftschraube. Standschub bei 20° Pitch, n = 5000 min⁻¹ (Ablöseblasen gelb dargestellt). Links ohne, rechts mit Absaugung bei 0,009 kg/s, jeweils Blattober- und Blattunterseite (Bild: FanJet Aviation)

Gelingt es, den Wirkungsgrad der Luftschraube eines Flugzeugs zu verbessern, so verringert sich der Energieverbrauch und damit die Abgasemission des Motors. Nach Vorstellung der Bewerber soll dies erreicht werden, indem das bekannte Verfahren der Grenzschichtabsaugung angewendet wird. Damit könnten zudem geringere Lärmemissionen durch kleinere Blattspitzengeschwindigkeiten einhergehen.

Basierend auf einem Patent des Kooperationspartners Fischer aus dem Jahr 1960 (NR 1 219 807) stellt der Wettbewerbsteilnehmer einen Propeller vor, dessen Blätter mit kleinen Löchern zur Absaugung der Grenzschicht versehen sind. Der dafür erforderliche Unterdruck wird innerhalb des Propellerblatts in einem radial zur Propellerachse verlaufenden Kanal durch Fliehkräfte der Luft erzeugt – ähnlich wie bei einem Radialverdichter. Die abgesaugte Luft wird an der Propellerspitze ausgeblasen. Durch die Absaugung werden eine verbesserte Laminarhaltung der Strömung und eine zumindest verzögerte Strömungsablösung erreicht.

Kern des Wettbewerbsbeitrags sind numerische Strömungsanalysen. Diese zeigen Folgendes:
- Durch geeignete Absaugung der Grenzschicht können Ablösungen am Propellerblatt wesentlich reduziert werden.
- Die Verbesserung des Wirkungsgrads kann bis zu 30 Prozent betragen.
- Bei gleicher Leistung ergibt sich dadurch ein höherer Schub.

Rechnerisch untersucht und dokumentiert wurde allerdings nur der wenig aussagekräftige Fall des Standschubs. Ergebnisse für den Fall des Reiseflugs werden nicht angegeben. Hier dürfte die Absaugung nach Einschätzung der Jury vermutlich weniger Erfolg erbringen.

Da die numerischen Strömungsanalysen nur knapp dokumentiert sind, wird nicht klar, wie realitätsnah die Ergebnisse sind. Eine experimentelle Validierung bzw. ein Demonstrator fehlen. So bleibt ebenfalls unbeantwortet, ob die erforderliche Absaugleistung – wie vorgesehen – durch den Propeller selbst erbracht werden kann. Dies betrifft auch die Frage, wie sich das Ausblasen der Luft an der Propellerspitze, die ggf. sogar im schallnahen Bereich stattfindet, auswirkt.

Es bleibt daher abzuwarten, wie sich das Projekt entwickelt.

EFF Emissionsfreies Fliegen

Gerrit Schäfer, München

Modell A (Bild: G. Schäfer)

Die Bezeichnung des Projekts täuscht ein wenig. Kern des Wettbewerbsbeitrags ist ein Fluggerät mit einem schwenkbaren Ringleitwerk, in dem ein innenliegender Propeller als Antriebselement (Mantelpropeller) arbeitet – also eine Kombination, die einer Schubvektorsteuerung entspricht. Die Emissionsfreiheit wird dadurch erreicht, dass ein elektrischer Antriebsmotor verwendet wird.

Ringleitwerk

Verwendung des Ringleitwerks nur für die Höhensteuerung (heben, senken) (Bild: G. Schäfer)

Verwendung des Ringleitwerks nur für die Höhen- und Seitensteuerung (heben, senken, drehen) (Bild: G. Schäfer)

Das Ringleitwerk ist über Kippdrehgelenke am Rumprohr befestigt und wird über Schubstangen angetrieben. Der Einbau eines Elektromotors mit Verstellpropeller ist vorgesehen, aber bisher noch nicht erprobt.

Erste Modellversuche

Mit einem ersten ferngesteuerten E-Flugmodell hat Geritt Schäfer zunächst ein herkömmliches starres Kreuzleitwerk (links im Bild) mit einem starren Ringleitwerk verglichen und deutliche Verbesserungen im Rollverhalten und Steigflug festgestellt.
Für die Steuerung wurden zwei Servomotoren benutzt, die die gleichzeitige Anstellung der Flügelhälften (als Höhenruder) und die gegenseitige Verdrehung der Hälften (als Querruder) im Mischbetrieb erlaubten (Pitcheron).
Bei einem zweiten Modell wurde das Ringleitwerk nur als Höhensteuer verwendet. Die Flügel besaßen übliche Querruder. Die Ergebnisse im Roll- und Steigverhalten entsprachen denen von Modell A, wobei eine stabile und präzise Höhensteuerung mit „gefühlten" Sicherheitsreserven im Stallbereich festzustellen war
Mit einem dritten Modell wurde die Höhen- und Seitensteuerung mit dem Ringleitwerk getestet, wobei sich ein präzises und weiches Steuerverhalten zeigte.
Die Flugversuche sind in einem Videofilm dokumentiert.

Modell B (Bild: G. Schäfer)

Weitere Schritte

- In der ersten Stufe soll das Ringleitwerk zum Manteltriebwerk mit Verstellpropeller erweitert werden.
- Dann sollen auf den Flügeln Solarelemente zur Versorgung des Elektromotors angebracht werden.
- Ferner soll untersucht werden, ob sich das Gewicht durch eine Traggasfüllung in den Flügeln und Teilen des Rumpfs reduzieren lässt, auch wenn es womöglich nur minimal ist.
- Ziel ist ein manntragendes Flugzeug.

Die Jury bewertet die Idee als so innovativ, dass sie weiterverfolgt werden sollte. Leider wird die Wirksamkeit der Anordnung im Motorbetrieb noch nicht nachgewiesen. Aussagen über Wirkungsgrad oder sonstige Verbesserungen sind aus den eingereichten Unterlagen nicht zu entnehmen.

Streckenflug ohne Verbrennungskraftmaschine

Lukas Siencnic, Aachen

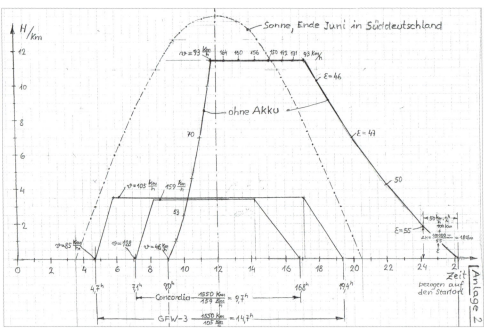

Flugprofile (Bild: L. Siencnic)

Concordia: Einsitziges Segelflugzeug, 28 m Spannweite, GZ > 70
EB-29 DE: Doppelsitzer, E-Antrieb 53 kW, Spannweite 28,3 m, GZ ca. 68
GFW-3: 120-kg-UL-Segelflugzeug, Spannweite 13,4 m, GZ 35

In seiner Beschreibung des Wettbewerbsbeitrags benennt der Verfasser „ein umfassendes Programm" zur Optimierung aller nach dem Stand der Technik relevanten Parameter und Einflussgrößen beim Flugzeugentwurf. Er habe das Programm eingesetzt, um Entwurfskriterien für einen optimalen, umweltfreundlichen Streckenflug zu bestimmen. Dabei kam er auf das überraschende Ergebnis, dass auch bestehende Segelflugzeugkonstruktionen durch Zusatzelemente dieses Ziel erreichen können, wenn auch nicht mit den bestmöglichen Werten. Im Wettbewerbsbeitrag sind gleichwohl nur sehr einfache Algorithmen dokumentiert. Der Beitrag enthält auch zwei skizzenhafte Vorschläge optimaler Flugzeuge für einen Streckenflug.

Bei der Problemstellung wird das eigenstartfähige Hochleistungs-Segelflugzeug *Concordia* mit elektrischem Antrieb und das modifizierte 120-kg-UL-Flugzeug *GFW-3* betrachtet. Damit ein solcher Motorsegler fliegen kann, benötigt er Energie für den Start auf Reiseflughöhe und danach für den Horizontalflug.
Die Energie kann entweder an Bord mitgeführt werden (Ladung eines Akkus) und/oder aus Solarzellen bezogen werden, mit denen möglichst große Flächen des Flugzeugs bestückt sind. Liefern die Solarzellen eine höhere elektrische Leistung als für den momentanen Flugzustand benötigt wird, so kann damit ggf. der

Akku geladen werden. Der Flug geht zu Ende, wenn sämtliche Energie aufgebraucht ist, d. h. der Akku leer ist und keine solare Einstrahlung mehr auftritt. Eine Restflugstrecke ist nur noch im Gleitflug aus der Reiseflughöhe möglich.

Wesentlich beim Elektroflug sind eine hohe gravimetrische Energiedichte des Akkus und ein hoher Wirkungsgrad der Solarzellen.

Typische Werte (Stand 2013) **sind:**

Lithium-Polymer-Akku
0,17 - 0,23 kWh/kg
(erwartet werden 0,4 kWh/kg)

Wirkungsgrad Solarzelle 21 %
d. h. ca. 0,2 kW/m^2
bei 1 kW/m^2 Einstrahlung

Wie groß ein mitgeführter Akku sein kann, ist bestimmt durch die Differenz zwischen maximaler Abflugmasse (MTOW) abzüglich Leermasse und Pilotenmasse. Bei einem Hochleistungs-Segelflugzeug beträgt der Wert etwa 300 kg (= 60 kWh), bei einem 120-kg-UL-Flugzeug etwa 20 kg (= 4 kWh). Wie hoch und wie weit man damit kommt, hängt von der notwendigen Startleistung auf Reiseflughöhe, der notwendigen Schwebeleistung des Flugzeugs und den zugehörigen Geschwindigkeiten ab. Da eine Masse von 20 kg für ein 120-kg-UL-Flugzeug für einen Streckenflug nicht ausreicht, erhöht Lukas Siencnic für seine Untersuchungen die MTWO auf 305 kg. Damit werden eine Akkukapazität von 21 kWh und eine Streckenflugbetrachtung möglich.

In seinem Wettbewerbsbeitrag stellt Lukas Siencnic die oben beschriebenen Zusammenhänge formelmäßig dar und die Ergebnisse in Tabellen verhältnismäßig knapp zusammen. Hier wären detailliertere Erklärungen zum besseren Verständnis wünschenswert.
Im Beitrag wird zusätzlich der Einfluss der jahreszeitlich veränderlichen Sonneneinstrahlung untersucht. Ferner zeigt Lukas Siencnic auf, wie die Gleitzahl von eigenstartfähigen Segelflugzeugen nur durch den Einsatz von Solarzellen um den Faktor 1,9 gesteigert werden könnte. Es wäre aber noch genauer zu untersuchen, wie realitätsnah die Ergebnisse sind.

Ergänzend bringt Lukas Siencnic in einer Anlage zwei Beispiele, wie mit bestehenden Segelflugzeugen und ggf. entsprechenden Modifikationen, z. B. Umbau auf Motorsegler, die Ausschreibungsziele des Berblinger Wettbewerbs 2013 erreicht werden könnten. Das folgende Diagramm zeigt die Flugprofile des modifizierten Hochleistungssegelflugzeugs *Concordia* und des modifizierten 120-kg-UL-Flugzeugs *GFW-3*.

Die *Concordia* startet um 7,1 Uhr mit v = 128 km/h nur mit Akku-Energie auf 3500 m. Dort wird zunächst mit 159 km/h und einer Gleitzahl von 65 geflogen. Mit steigender Sonneneinstrahlung wird die überschüssige Leistung in erhöhte Geschwindigkeit umgesetzt. Bereits um 14,2 Uhr ist die Flugstrecke von 1300 km bewältigt, sodass der Rest im Gleitflug erfolgt. Die Landung ist um 16,8 Uhr bezogen auf den Startort.
Das Diagramm gilt ebenfalls für den Doppelsitzer *EB 29 DE*. Dessen Flugprofil entspricht der *Concordia*. Das 120-kg-UL-Flugzeug muss entsprechend der geringeren Flächenbelastung um 4,7 Uhr mit 85 km/h starten. Es erreicht eine Stunde später 105 km/h. Im Weiteren ist das Flugprofil ähnlich der *Concordia*. Die Landung erfolgt um 19,4 Uhr.

Projekt Phoenix

Martin Stepanek, Phoenix Air, Lechtrad, CZ

D-14 Phoenix beim ersten Start im Juli 2011 (Bild: Phoenix Air)

Als U-15 Phoenix mit Verbrennerantrieb wird dieses zweisitzige Flugzeug seit 2009 gebaut. 28 Exemplare wurden seitdem verkauft. Mit fast 15 m Spannweite und einer Gleitzahl bis 35 handelt es sich dabei eher um einen Motorsegler als um ein typisches Ultraleichtflugzeug (UL), auch wenn die Zulassung aus Gründen der Einfachheit als UL erfolgte. Aufgrund der günstigen Leistungsparameter bot es sich an, das Flugzeug auch mit einem elektrischen Antrieb auszurüsten, um ein besonders umweltfreundliches Flugzeug anbieten zu können.

Die Arbeiten begannen Ende 2009, der erfolgreiche Erstflug fand im Juli 2011 in Hradec Králové (LKHK) statt. Da der Verbrennerantrieb wegfiel, stand für den elektrischen Antrieb ein Spielraum von etwa 100 kg Masse zur Verfügung. Aufgrund der Auslegung als Motorsegler reicht eine Startleistung des Motors von 30 kW, für den Horizontalflug genügen 10 kW. Das Flugzeug soll mit einem Verstellpropeller ausgestattet werden, um die Motorleistung optimal zu nutzen. Dafür war es nötig, einen speziellen Motor zu entwickeln, da ein geeigneter Typ nicht am Markt verfügbar war. Mit einer Akkumasse von 50 kg (ca. 8 kWh) verbleiben für das Motorsystem 30 bis 50 kg. Dank des Verstellpropellers kann man den Propeller im Gleitflug (nach Höhengewinn in der Thermik) als „Windturbine"

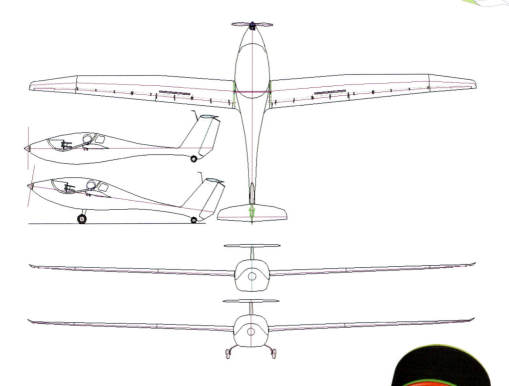

verwenden und den Motor als Generator betreiben, der den Akku lädt. Inwieweit dies in der Praxis einen Nutzen bringt, bleibt abzuwarten. Die Akkukapazität reicht für eine Flugzeit von etwa einer Stunde, für das Wiederaufladen werden zweieinhalb Stunden benötigt. Schneller geht es mit einem Batteriewechsel, der in zehn Minuten machbar ist.

Das Flugzeug ist in moderner Composite-Bauweise erstellt. Besonderer Wert wurde auf die Sicherheit gelegt. So ist der Rumpf eine Carbon/Kevlar-Konstruktion und Dynafoam-Einlagen in den Sitzen schützen die Piloten bei harten Landungen. Ein ballistisches Rettungssystem mit Fallschirm ist selbstverständlich. Motor, Steuerung und Akku sind im vorderen Rumpfteil untergebracht, wodurch nur kurze elektrische Leitungen notwendig sind. Die Piloten sind durch einen Brandschott geschützt.
Für die Stromversorgung des Motor-Controllers ist eine eigene 12-V-Batterie im hinteren Rumpfteil vorgesehen, eine zweite 12-V-Batterie versorgt das Funkgerät und das Einziehfahrwerk.

Motor mit Propellerverstellung
Typ KRAL 40
Bürstenloser Gleichstrommotor
Spitzenleistung 40 kW
Masse 12,5 kg (Bild: Phoenix Air)

Vorläufige Technische Daten
(Herstellerangaben)

Spannweite	14,46 m
Länge	6,50 m
Höhe	1,30 m
Gleitzahl	35
Motor (KRAL 40) (gedrosselt)	30 kW
Akku(LiPo)	8 kWh
Verstellpropeller	1,34 m
MTOW (UL/LSA)	472,5/600 kg
Zuladung	146,5/274 kg
Höchstgeschwindigkeit V_{NE}	240 km/h
Reisegeschwindigkeit V_C	216 km/h
Mindestgeschwindigkeit	88 km/h
Einziehfahrwerk	

JS 2020 E Lightsport Electric Touring Motorglider

Jacob Torben, Beckdorf

Mögliche Dreiseiten-Ansicht des vorgeschlagenen Touring-Motorseglers (Bild: J. Torben)

Der Wettbewerbsbeitrag von Jacob Torben ist ein Konzeptvorschlag, wie ein elektrisch angetriebener, zweisitziger Hochleistungs-Touring-Motorsegler der LSA-Klasse kurzfristig realisiert werden könnte. Der Prototyp wurde bisher (Stand 2016) nicht realisiert. So könnte einem großen Kreis von Flugbegeisterten ein einfacherer Zugang zum Fliegen ermöglicht werden.

Erreicht werden soll dieses Ziel durch die detaillierte Ausarbeitung des Konzepts. Dabei kommen bewährte wirtschaftliche Herstellungsverfahren, Bauelemente und Ideen zum Einsatz, die sowohl für Prototypen als auch in der industriellen Fertigung eingesetzt werden. Die Realisierung des neuen Motorseglers wäre dadurch mit niedrigen Investitionen und geringem Risiko möglich.

Komplexere Technologien wie Solarzellen oder Hybridantriebe werden bewusst nicht berücksichtigt, um den Entwurf so einfach und benutzerfreundlich wie möglich zu gestalten.

Wesentliche Eckpunkte des Gesamtkonzepts

- Hochleistungs-Touring-Motorsegler mit 18 m Spannweite nach den Bauvorschriften der LSA
- Kategorie (europ. ELA1)
- Flügelenden einfach abnehmbar
- MTOW 600 kg
- Geringes Leergewicht, hohe Lastvielfache
- Einfahrbares Zweibeinfahrwerk
- Side-by-Side-Cockpit
- Elektrischer Antrieb mit Klapppropeller an der Rumpfspitze
- Hochleistungsakku
- Gesamtrettungssystem (BRS)

Die Tabelle rechts zeigt eine Aufstellung der möglichen technischen Daten des neuen Motorseglers.

Spannweite	18 m
Länge	7,55 m
Flügelfläche	11 m
Streckung	29,5
MTOW	600 kg
Leermasse mit Batterie	380 kg
Flächenbelastung (2 Piloten 165 kg)	50 kg/m (Abflugmasse 545 kg)
Beste Gleitzahl L/D	52 bei 135 km/h
V_{min}	80 km/h
Akku Envia li-IOn 400 Wh/kg	40 kWh
Motor Emrax UHP BL/DC 15,2 kg	
Spitzenleistung (2 min)	75 kW (325 V)
Bestes Steigen (MTOW, 75kW)	5,1 m/s
Dauer Steigen (45 kW)	3,0 m/s
Eco-Reisegeschwindigkeit	170 km/h (UD 43)
Reichweite bei Eco-Reisegeschwindigkeit	500 km + 30 min Reserve

Details zur Auslegung

- Das gewünschte niedrige Leergewicht verlangt ein sorgfältiges Strukturdesign unter Einsatz von Carbonfibre-Prepregs, die eine hohe Festigkeit bei geringem Gewicht ermöglichen. Das 15-m-Segelflugzeug *Duckhawk* der FAI-Klasse erreicht damit eine Leermasse von 177 kg mit Lastvielfachen von +7/-5 g. Ausgehend von der Konstruktion des *Duckhawk* kann man für den Motorsegler eine Leermasse von 260 kg erwarten. Damit verbleiben für das elektrische Antriebssystem inklusive Akku 110 kg.
- Der 40-kWh-Akku wird schwerpunktnah in den Flügeln untergebracht. Es wird erwartet, dass in den nächsten Jahren Akkus mit einer gravimetrischen Energiedichte von 0,4 kWh/kg zur Verfügung stehen werden. Prototypen hat die Firma Envia bereits vorgestellt (http://www.enviasystems.com). Der beste heute im Handel verfügbare Akku, NCR 18650A von Panasonic, hat eine gravimetrische Energiedichte von 0,237 kWh/kg (Stand 2013/2014).
- Leistungsprobleme bei elektrischen Antrieben gibt es heute kaum. Der EMRAX UHP-Motor (Ultrahigh-Power) der Firma Enstroj, Radomlje, Slowenien, hat z. B. eine Dauerleistung von 40 kW bei 2500 RPM und 350 V DC (Spitzenleistung 70 kW). Er wiegt nur 15 kg. Ein Klapppropeller in der Rumpfspitze (Stemme S-10, FES) hat deutliche Vorteile gegenüber den heute üblichen Klapptriebwerken. Der elektrische Antrieb ist umweltfreundlich, zuverlässig sowie einfach zu warten und handzuhaben.
- Die beste ökonomische Gleit- und Reisegeschwindigkeit soll bei 170 km/h liegen und mit 20 Prozent Leistung im Horizontalflug erreicht werden. Die Flächenbelastung würde in diesem Fall bei 50 kg/m² liegen.
- Durch die Flächenanordnung als Schulterdecker und durch das Zweibein-Fahrwerk sollte sich ausreichend Bodenfreiheit auf schmal.

Strahlsegler mit Furbo-Gebläse

Georg E. Koppenwallner und **Ludwig Plotter** – Plotterland Invention, Göttingen

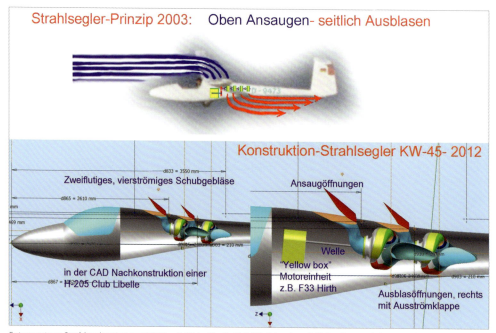

Fotomontage Strahlsegler-Konzept 2003 mit Club-Libelle D-9473 (oben) und CAD - Konstruktionsstand 2012 (unten) (Bild: G. E. Koppenwallner/Plotter)

„Der Strahlsegler ist ein Niedrigenergie-Flugzeug, das in einer ersten Entwicklungsstufe als Segelflugzeug ausgeführt sein soll. Herausforderung dabei ist die Integration des patentierten Schubgebläses (DE 10200705550) in die Rumpfröhre." (Georg E. Koppenwallner)

Thema der Bewerbung ist ein Strahlsegler mit einem speziellen, sogenannten Furbo-Schubgebläse. Es findet folgende Anwendungen:
- Heimkehrhilfe
- Eigenstart
- Langstreckenflug

Das Gebläse hat das Potenzial zur Grenzschichtbeeinflussung.

Der Vorsatz „Furbo" soll ausdrücken, dass
- es sich um ein neues Gebläsekonzept handelt
- nicht die Leistung gegen ansteigenden Widerstand erhöht wird (Turboprinzip), sondern dass eine gleichbleibende Leistung gegen einen sinkenden Widerstand eingesetzt wird (Bewerbungstext).

Funktionsweise des Gebläses

Das Prinzip des Furbo-Gebläses ist einfach: Über die Ansaugöffnungen in der Mitte der Flügeloberseite wird die Umgebungsluft angesaugt, in einem Radialgebläse verdichtet und seitlich in der Rumpfmitte als Antriebsstrahlen auf beiden Seiten über Ausblasöffnungen wieder ausgeblasen. Die Laufräder des Radialgebläses werden von einem Motor angetrieben. Die Antriebseinheit im Bild ist zweiflutig, d. h. es gibt zwei Gebläseräder, und vierströmig, da jedes Gebläserad auf beiden Seiten des Rumpfes ausbläst.

Als Alternativen für den geplanten Einsatzbereich stehen für Segelflugzeuge heute die bewährten Klapptriebwerke, Propeller an der Rumpfspitze (FES Front Electric Sustainer) sowie ausfahrbare kleine Strahlturbinen zur Verfügung. Klapptriebwerke haben den Nachteil, dass der Wechsel zwischen Kraft- und Reiseflug (Segelflug) aufwendig ist, der Widerstand im ausgefahrenen Zustand groß wird und der Wirkungsgrad bei Überschreiten einer Optimalgeschwindigkeit stark abfällt, was den Einsatz für einen Reiseflug einschränkt. Bei Propellern in der Rumpfspitze begrenzt das Fahrwerk den möglichen Propellerdurchmesser und damit den Wirkungsgrad. Turbinenantriebe sind einfach in die Flugzeugstruktur zu integrieren. Zwar sind sie auch für hohe Geschwindigkeiten geeignet, verbrauchen allerdings viel Kraftstoff, wodurch sie weniger tauglich für den Reiseflug sind.

Das Furbo-Gebläse bedingt zwar einen größeren Eingriff in die Flugzeugstruktur, benötigt aber keine aufwendigen Steuerungen, gestattet einen einfachen Wechsel zwischen Kraft- und Gleitflug und erlaubt hohe Geschwindigkeiten bei mäßigem bis geringem Verbrauch. Auch wenn die Technologie bislang nicht bis zur Einsatzreife entwickelt ist und es eine Reihe von Problemen zu lösen gibt, ist das Konzept interessant wie innovativ. Seit 2003 arbeiten Koppenwallner und Plotter konsequent und engagiert an der Weiterentwicklung und haben vielfach darüber berichtet. Durch Versuchsträger wurde die Machbarkeit nachgewiesen.

Mehr zum Projekt unter www.flugantrieb.ploland.de

Das Furbo-Gebläse auf einem Versuchswagen im Jahr 2009 (Bild: G. E. Koppenwallner/Plotter)

3 Berblinger Wettbewerb

2016

Stadt Ulm
ulm

3.1 Preisträger und Siegerehrung des Berblinger Wettbewerbs 2016

Preisträger und Sonderpreisträger 2017 mit Juryvorsitzenden O. Künzel und OB Czisch (Bild: Stadtarchiv Ulm)

Zur offiziellen Preisverleihung des Berblinger Wettbewerbs 2016 hatte die Stadt Ulm am 11. November 2016 in das Foyer des Ulmer Rathauses eingeladen. Ulms 2016 neu gewählter Oberbürgermeister Dr. Gunter Czisch begrüßte die zahlreich erschienenen Wettbewerbsteilnehmer sowie die vielen Gäste und bedankte sich für die Teilnahme am Berblinger Wettbewerb. Für die musikalische Umrahmung sorgte wieder 3-Mann-Kapelle „Berblinger Jazz Fits". Seit fast 30 Jahren unterstüzt der Berblinger Wettbewerb die Allgemeine Luftfahrt mit innovativen Ideen, was einzigartig ist für eine deutsche Kommune. Dafür dankte der Jury-Vorsitzende Professor Otto Künzel der Stadt herzlich. Anerkennende Worte fand der Jury-Vorsitzende anschließend für die Wettbewerbsteilnehmer, die erneut viele interessante, bemerkenswerte Beiträge eingereicht hatten. Ebenfalls wüdigte Professor Künzel die Kompetenz und das ehrenamtliche Engagement der Jury. Ein Dankeschön ging auch an die Mitarbeiter der Kulturabteilung der Stadt, die den Wettbewerb betreut hat.

Nach der kommentierten Vorstellung aller Wettbewerbsbeiträge durch den Jury-Vorsitzenden, folgte die Verleihung des Berblinger Preises 2016 und der beiden Sonderpreise durch den Oberbürgermeister Gunter Czisch. Zum Abschluss lud die Stadt Ulm zu einem kleinen Empfang ein.

Sieger des Berblinger Wettbewerbs 2016   –   23.000 EUR

Ingmar Geis, Len Schuhmann, Jonas Lay, Prof. Dr. Ing. Andreas Strohmayer
mit Unterstützung von Jiri Florian
Institut für Flugzeugbau (IFB), Universität Stuttgart

Eco⁴

Der hervorragende Projektentwurf für ein viersitziges Reiseflugzeug mit hybridelektrischem Antrieb, das heute marktübliche Flugzeuge dieser Klasse hinsichtlich Verbrauch und Geräuschemission um mindestens 30 Prozent unterbietet, hat die Jury überzeugt. Bei einer Reisegeschwindigkeit von 220 km/h lässt das Flugzeug mit drei Personen an Bord eine Reichweite von 3000 km erwarten. Mit vier Personen besetzt erreicht es immer noch 2000 km – beste Voraussetzungen also, die „Vision Donauflug" umzusetzen. Alltagstauglichkeit und ein einfaches Handling sind weitere Eigenschaften. Das Konzept ist soweit ausgearbeitet, dass mit der Realisierung begonnen werden könnte, wenn die notwendigen Mittel bereitstehen. Mit dem Berblinger Preis 2016 ist für die Finanzierung der Startschuss erfolgt. Die Umsetzung des Projekts könnte ein Meilenstein in der Allgemeinen Luftfahrt werden. Mit der Auszeichnung würdigt die Jury auch die langjährige Forschungsarbeit des IFB auf dem Gebiet des elektrischen Fliegens, von der auch die Berblinger Preise 1996 und 2006 zeugen.

Preisträger 2017: vorne: Ingmar Geis, Jonas Lay, Len Schuhmann; hinten: Jiri Florian, Prof Dr. Ing. Andreas Strohmayer
(Bild: Stadtarchiv Ulm)

Sonderpreis des Berblinger Wettbewerbs 2016 – 1.000,- EUR

Karl-Heinz Helling, Rossendorf
mit Unterstützung von Thomas Brenner, Dresden und Modellflugclub Rossendorf

Sunseeker Duo
HE 210 UL-Flugzeug mit Hubflügelantrieb

Karl-Heinz Helling, die treibende Kraft des Projekts, ist als Diplom-Ingenieur für Flugzeuggerätebau im Ruhestand, arbeitet aber bereits seit 30 Jahren an der Umsetzung der Idee des Hubflügels. Im Gegensatz zu ähnlichen Projekten (wie dem Snowbird der Universität Toronto oder dem Smartbird von Festo) sehen die Einreicher des Wettbewerbsbeitrags ihre zentrale Innovation in einer besseren technischen Umsetzung des Vogelflugprinzips. So sind im Lauf der Jahre zahlreiche, zum Teil flugfähige Modellen entstanden.

Die neueste Entwicklung, das UL-Flugzeug HE 210, soll nun erstmals mit einem Piloten fliegen. Zwar stehen die Ergebnisse der Flugerprobung noch aus, aber man darf gespannt sein, inwieweit der Hubflügel bezüglich Effizienz und Lebensdauer die Erwartungen erfüllt. Die Jury des Berblinger Wettbewerbs 2016 hat die beharrliche Entwicklungsarbeit von Helling mit einem Sonderpreis gewürdigt.

K. H. Helling nimmt die Urkunde vom Juryvorsitzenden O. Künzel und OB Czisch entgegen. (Bild: Stadtarchiv Ulm)

Sonderpreis des Berblinger Wettbewerbs 2016   –   1.000,- EUR

Thomas Strieker, Verl, Thomas Senkel, Kusterdingen
mit Unterstützung von Flywhale Aircraft GmbH, Dötlingen

Elektro Flywhale

Mit dem Projekt „Elektro Flywhale" legen die Entwickler Thomas Strieker und Thomas Senkel ein interessantes Konzept für ein hybridelektrisch angetriebenes Amphibienflugzeug vor, das für den Einsatz in lärmempfindlichen Gegenden wesentliche Vorteile bietet. Basis für das Projekt ist das UL-Flugzeug „Flywhale" der Fa. Flywhale Aircraft GmbH. Das Flugzeug ist mit einem Verbrennungsmotor ausgerüstet und hat im Frühjahr 2017 die Musterzulassung erhalten. Die elektrisch angetriebene Variante des „Flywhales" soll bis zu sechs Motoren erhalten, die redundant betrieben werden, wodurch das Antriebskonzept eine hohe Sicherheit bietet. Für das einfache und sichere Manövrieren bei Wind und Wellen auf dem Wasser lassen sich die Motoren auch im Umkehrschub betreiben. Propellerdralleffekte werden durch die vorgesehenen gegenläufig drehenden Motoren weitestgehend aufgehoben und das Flugzeug kann so im Wasser einfacher gestartet werden. Eine erweiterte Musterzulassung als UL wurde bereits mit dem Luftsportgerätebüro abgesprochen. Ein wichtiger Aspekt dabei ist, dass es nur einen Regler für den Gesamtschub gibt und nicht jeder Motor einzeln vom Piloten kontrolliert werden muss. Mit der Verleihung des Sonderpreises will die Berblinger Jury die Entwickler ermutigen, ihr Konzept weiterzuverfolgen.

Thomas Strieker nimmt die Urkunde vom Juryvorsitzenden Otto Künzel und OB Czisch entgegen.
Bild: Stadtarchiv Ulm

3.2 Teilnehmende am Berblinger Wettbewerb 2016

Die Preisträger des Berblinger Wettbewerbs 2016

Berblinger Preis 2016		Preisgeld 23.000 EUR
Eco4	65	Ingmar Geis, Len Schuhmann, Jonas Lay, Andreas Strohmayer, mit Unterstützung von Jiri Florian, Institut für Flugzeugbau, Universität Stuttgart (IFB)

Sonderpreis		Preisgeld 1.000 EUR
HE 210 UL-Flugzeug mit Hubflügelantrieb	70	Karl-Heinz Helling, Rossendorf; mit Unterstützung von Thomas Brenner, Dresden und Modellflugclub Rossendorf

Sonderpreis		Preisgeld 1.000 EUR
Elektro Flywhale	72	Thomas Strieker, Verl, Thomas Senkel, Kusterdingen; mit Unterstützung von Flywhale Aircraft GmbH, Dötlingen

Weitere Teilnehmende

FLEDGE – Flexible Leading Edge	74	Johannes Achleitner, Garching; mit Unterstützung von Arthur Schlothauer, Katharina Jocham, Luka Salehar, Lehrstuhl für Leichtbau TU München
DON HeGL – traggasbefüllter Gleiter	76	Matthias Blöcher, Siegen
Energieeffizienter Leichtbau	78	Jörg Hollman, Buxtehude; mit Unterstützung von Hochschule 21, Buxtehude und AMM Enterprise GmbH
Strahlsegler	80	Georg E. Koppenwallner, Göttingen; mit Unterstützung von Plotterland Invention und Amelsens GmbH
DESiE	82	Wolfgang Liehmann, Weingarten, Team Silentflight e. V.
Energy Trader	84	Klaus Plesser, Duisburg
Solar Hybrid Electric Transporter	86	Eric und Irina Raymond, Manassas VA, USA; mit Unterstützung von Kasaero GmbH, Karl Käser, Benjamin Sage, Jason Rohr
Propellergetriebener Monocopter mit Blattwinkelautomatik	88	Harald Saalbach, Zwenkau

UL-Mehrfachhybridmulticopter	90	Harald Saalbach, Zwenkau
Skyrider One	92	Thomas Senkel, Kusterdingen
HY4	94	Thomas Stephan, Stuttgart, H2FLY GmbH; mit Unterstützung von Joh. Schirmer, DLR Stuttgart, Josef Kallo, Universität Ulm und Pipistrel d.o.o (SLO)
PIEP	96	Jens-Ole Thoepel, Hankensbüttel

Eco⁴

Berblinger Preisträger 2016   23.000 EUR

Ingmar Geis, Len Schuhmann, Jonas Lay, Andreas Strohmayer
mit Unterstützung von Jiri Florian, Institut für Flugzeugbau der Universität Stuttgart (IFB)

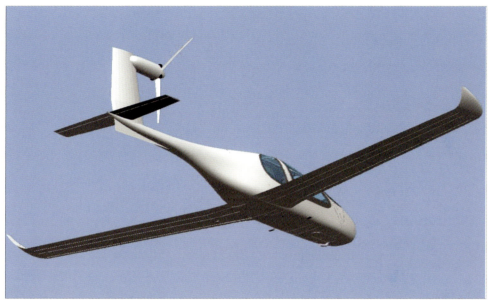

Eco⁴ im Flug Fahrwerk eingezogen (Computergrafik: IFB)

Reisegeschwindigkeit 220 km/h, dieselelektrischer Hybridantrieb, Reichweite mit 4 Personen 2200 km, Kraftstoffverbrauch 10,8 l/h Diesel, Zuladung 400 kg, MTOW 1200 kg, Startstrecke 600 m: Mit diesen hervorragenden Leistungswerten für ein projektiertes 4-sitziges Flugzeug für die Allgemeine Luftfahrt hat das Team vom Institut für Flugzeugbau der Universität Stuttgart den ersten Preis beim Berblinger Wettbewerb 2016 gewonnen.

Flugzeugkonfiguration

Das Ergebnis der Konfigurationsuntersuchungen, die Aerodynamik, Schwerpunkt und Wartbarkeit umfassten, führte auf einen Tiefdecker mit dem Motor im Seitenleitwerk. Generator und Akku (Batterien) sind im Rumpf integriert, der Treibstoff wird in Flügeltanks mitgeführt. Das Fahrwerk ist einziehbar. Da das Generatorsystem in der Rumpfspitze positioniert ist, werden Geräusche nach innen und außen gut gedämmt. Zudem lässt es sich durch die abnehmbare Verkleidung schnell erreichen. Durch den Einbau der Akkus hinter dem Schwerpunkt wird die Kopflastigkeit ausgeglichen. Passagiere und Kraftstofftanks sind schwerpunktnah angeordnet. Damit ist der Einfluss auf die Schwerpunktlage bei Massenveränderungen durch den Kraftstoffverbrauch im Flug oder bei geänderter Passagierzahl gering.

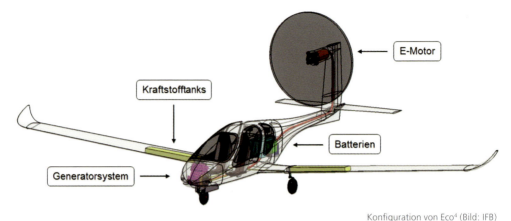

Konfiguration von Eco⁴ (Bild: IFB)

Der Zustieg erfolgt über zwei Flügeltüren. Eine einziehbare Trittstufe erleichtert den Einstieg.

Antriebssystem

Die Energiedichte heute verfügbarer Akkus reicht nicht aus, um als alleiniger Energielieferant einem elektrisch angetriebenen Flugzeug einen Langstreckenflug über mehr als 500 km zu ermöglichen. Daher sind für längere Strecken Hybridlösungen erforderlich, bei denen die hohe gravimetrische Energiedichte von flüssigen oder gasförmigen Kraftstoffen in Motor-Generatorsystemen oder Brennstoffzellensystemen zur Erzeugung elektrischer Energie für den Reiseflug ausgenutzt wird. Ein Akku wird ggf. nur zugeschaltet, um eine eine ausreichend hohe Startleistung zu erreichen. Durch die Energiewandlung in einem Hybridsystem entstehen zwar Verluste, die aber durch die Vorteile einer angepassten Elektroflug-Konfiguration mehr als ausgeglichen werden können. In der Eco4 kommt ein dieselelektrisches Generatorsystem zum Einsatz. Als Motor wird das Dreizylinder-Turboaggregat OM 660 aus dem Smart Automobil mit 0,8 l Hubraum verwendet, das durch eine geänderte Motorsteuerung 58 kW Leistung bis 10.000 ft Höhe erbringt. Aufgrund der hohen aerodynamischen Güte der Eco4 sind für den Reiseflug mit 220 km/h nur 45 kW erforderlich. Durch Partikelfilter und SCR-Katalysator wird der Schadstoffausstoß auf ein Minimum reduziert.

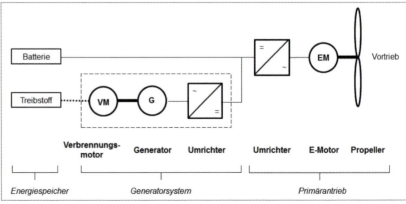

Schematische Darstellung des Antriebssystems der Eco⁴ (Bild: IFB)

Als Generator ist der Typ Emrax 268 der slowenischen Firma Emstroj vorgesehen. Das ganze System aus Motor und Generator wiegt nur 60 kg und passt problemlos in die Flugzeugnase.

Akkusystem

Das Akkusystem ist so ausgelegt, dass Start und Steigflug ohne Einsatz des Generators möglich sind. In Kombination mit dem langsam drehenden und damit besonders leisen Propeller wird so die Lärmbelastung im Flugplatzbereich deutlich gesenkt. Eine Ladung des Akkus ist durch das Generatorsystem im Flug möglich. Ein Brandschutz auf Basis eines temperatur-aktiven Keramikschaums und ein Entgasungssystem schützen Passagiere und Flugzeug im unwahrscheinlichen Fall eines Fehlers im Akkusystem. Für den Akku sind aktuelle Rundzellen des Typs INR18650 25R5 der Firma Samsung vorgesehen. Die notwendige Akkukapazität wurde mit 23 kWh bestimmt, was zu einer Masse von 135 kg führt. Für die Gehäusestruktur mit Brandschott, Kühlung, Hauptsicherung kommen weitere 15 kg hinzu.

Elektromotor

Der Elektroanrieb muss für die notwendige Startleistung von 130 kW (177 PS) ausgelegt werden. Dies könnte durch einen Serienmotor des Typs Emrax 268 der Firma Emstroy mit oder ohne Getriebe durch die Kopplung von zwei Emrax 268 erfüllt werden. Die Masse des gekoppelten Antriebs würde zwar 45 kg betragen, hätte aber betriebliche Vorteile. Da die Entwicklung der Luftfahrt-Elektroantriebe aber längst nicht abgeschlossen ist, sind hier noch Änderungen vorstellbar.

Power-Management-Unit

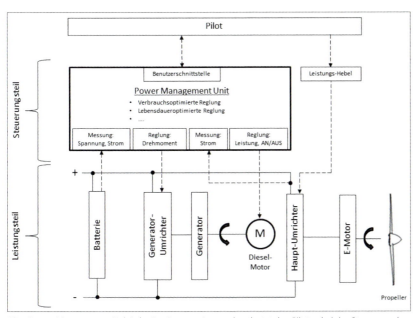

Die „Power-Management-Unit" der Eco4 unterstützt und entlastet den Piloten bei der Steuerung des Antriebs- und Energiesystems (Bild: IFB)

Die Power-Management-Unitsorgt aufgrund der Leistungsvorgabe durch den Piloten für alle notwendigen Steuerbefehle zur Bereitstellung der notwendigen Energie aus Akku, Generatorsystem oder aus beiden gemeinsam. Zusätzlich ist eine Lookout-Funktion implementiert, mit der ein gewünschter Ladezustand des Akkus für eine sichere Landung oder einen sofortigen Wiederstart vorgegeben werden kann. Über ein Display wird der Pilot über den Stand des Energiesystems informiert.

Zelle

Eine bestmögliche Energieeffizienz eines Flugzeugs erfordert eine aerodynamisch hochwertige, aber auch möglichst leichte Struktur, da die Masse direkt in den Leistungsbedarf eingeht. Dazu wird in der Projektbeschreibung ausgeführt:
„Da sich bei den Vorgängerprojekten Icaré und e-Genius die Herstellung der Zelle aus Kohlefasersandwich bewährt hat, kommt diese auch bei der Eco4 zum Einsatz. Die Holmgurte sollen aus Prepreg-Halbzeug mit Autoklav-Aushärtung realisiert werden, um die Festigkeit der Kohlenstofffasern maximal auszunutzen. Für die großen Schaum-Sandwich-Bauteile soll das VARI-Verfahren zum Einsatz kommen, bei dem Epoxydharz über ein Vakuum in die Kohlenstofffasern gezogen wird. Bei den Waben-Sandwich-Bauteilen ist die Verarbeitung von LTLP-Prepreg-Halbzeugen (Low Temperature Low Pressure) vorgesehen.
Der Flügel ist als Einfach-Trapezflügel mit Winglets konzipiert. An die Querruder im äußeren Teil schließen sich die Landeklappen an, die bis zum Rumpf gehen. Unter Berücksichtigung der Forderungen für die Überziehgeschwindigkeit wurde eine minimal mögliche Flügelfläche von 10,24 m2 gewählt, um den Reibungswiderstand zu reduzieren. Um auch den induzierten Widerstand zu minimieren, was besonders für einen effektiven Steigflug wichtig ist, wurde eine im Vergleich zu konventionellen Flugzeugen leicht erhöhte Spannweite von 13 m gewählt, womit sich eine Flügelstreckung von 16,5 ergibt.
Der Flügel wird mit einem Hauptholm bei 21 Prozent der Profiltiefe und einem Nebenholm bei 56 Prozent ausgeführt, zwischen denen genug Platz für Hauptfahrwerk und Tank bleibt. Zwischen Nebenholm und Flügel-Endsteg laufen Steuergestänge, Kraftstoffleitungen und Datenkabel."

Zusammenfassung der projektierten technischen Daten	
Spannweite	13 m
Länge	8,09 m
Bauvorschrift	CS 23
Dieselelekt. Generator	58 kW/130 kg
Max. Startleistung	130 kW (177 PS)
Startstrecke	500 m
Steigrate bei 90 kn	1000 ft/min (5 m/s)
Reisegeschwindigkeit	120 kn (220 km/h)
Überziehgeschwindigkeit	60 kn (110 km/h)
Tankinhalt	174 l
Verbrauch	10,8 l/h
MTOW	1200 kg
Zuladung	400 kg
Reichweite, Nutzlast 270 kg	3000 km

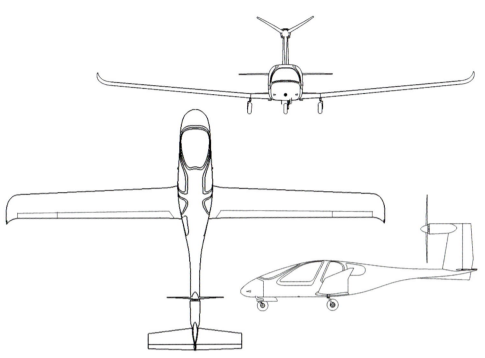

Dreiseitenansicht der Eco4 (Bild: IFB)

Im Rahmen der Bewerbung wurde das entworfene Flugzeug mit einem modernen, konventionellen Flugzeug verglichen, um die Vorteile des Neuentwurfs herauszustellen. Dabei diente die DA-40 D als Vergleichsflugzeug. Das Flugzeug gehört zur gleichen Leistungs- und Gewichtsklasse, ist überwiegend aus faserverstärktem Kunststoff gebaut und besitzt eine leichte und aerodynamisch günstige Flugzeugzelle. Beim Energieverbrauch war die Eco4 um mindestens 35 Prozent besser und besitzt durch den Elektroantrieb deutliche Lärmvorteile. Der Aufwand für den Bau eines Prototyps bis zum Erstflug innerhalb von 3 Jahren wird auf eine Million Euro geschätzt. Geldgeber werden noch gesucht. Der Erfolg des Projekts könnte ein Meilenstein in der Allgemeinen Luftfahrt werden.

HE 210 UL-Flugzeug mit Hubflügelantrieb

Sonderpreis 1.000 EUR

Karl-Heinz Helling, Rossendorf
mit Unterstützung von Thomas Brenner, Dresden und Modellflugclub Rossendorf

HE 210 – ein UL-Canard-Flugzeug mit Doppelhubflügel und elektrischem Antrieb zusammen mit Konstrukteur Karl-Heinz Helling. Wegen noch fehlender Zulassung, zunächst ferngesteuerte Erprobung. (Alle Bilder K.-H. Helling)

Im Gegensatz zu ähnlichen Projekten wie dem Snowbird der Universität von Toronto oder dem Smartbird von Festo sehen die Einreicher des Wettbewerbsbeitrags ihre zentrale Innovation in einer besseren technischen Umsetzung des Vogelflugprinzips. Anders als bei ähnlichen Projekten entfällt bei der Erzeugung des Vortriebs das Tordieren der Tragflügel, sodass eine technisch günstigere Umsetzung dieses Flugantriebs möglich ist. Der Erfinder Karl-Heinz Helling nennt sein Konzept Hubflügel, weil hier der Vortrieb durch zwei gegenphasig schlagende starre Tragflächen erzeugt wird, die bei variierendem Anstellwinkel auf und ab bewegt werden.

Als Vorteile werden genannt, dass die elliptische Auftriebsverteilung der Tragflügel stets erhalten bleibt, ihre Anstellwinkel entsprechend der jeweiligen Schlagphase optimal eingestellt werden können sowie kein konstruktiv aufwendiges und aerodynamisch ungünstiges Tordieren notwendig ist. Zudem kommt es durch die gegenphasig schlagenden Flügel zu einer Kompensation aller störenden Masseneffekte und einem nahezu konstantem Auftrieb. Ein flugmechanisch problematisches Tanzen des Rumpfes, wie es auch bei Vögeln zu beobachten ist, tritt nicht auf.

Mit der Idee des Hubflügels als Flugzeugantrieb hat sich Karl-Heinz Helling bereits beim Berblinger Wettbewerb 2013 beworben. Mit dem Modellflugzeug HE 209 mit 2 m Spannweite konnte er nachweisen, dass durch Doppelhubflügel ein ruhiger Flug möglich ist. Weitere Details zu dieser Projektphase sind in der Dokumentation zum Berblinger Wettbewerb 2013 nachzulesen.

Inzwischen wurde das 2013 angekündigte, manntragende UL-Flugzeug HE 210 mit Hubflügelantrieb konstruiert und flugfertig aufgebaut. Es besitzt zwei getrennte Antriebe. Ein Elektromotor treibt die Hubkinematik an, ein baugleicher zweiter einen Propeller, der ausschließlich beim Start zum Einsatz kommt.

Technische Details
Konfiguration: Canard-Flugzeug mit zwei (schlagenden) Hauptflächen; Spannweite 6 m, Leergewicht ca. 80 kg

Konstruktion:
- Rumpf: Vernieteter Gitterrohrrahmen aus Aluminium, bespannt mit UL-Folie (Oratex)
- Flächen: Kastenholm, Ober- und Untergurte aus CFK,
- Rippen aus 20 mm Schaumstoff mit Sperrholz beplankt,
- Nasenkasten mit 0,8 mm Sperrholz beplankt, Endleiste aus Kohlefaserrohr, Bespannung mit UL-Folie (Oratex)

Antrieb:
- Zwei 16 kW Elektromotoren (bürstenlose Außenläufer) für Propeller und Hubflügel
- Energiespeicher: LiPo-Akku 59V/20Ah

Hubmechanik:
- Untersetzung der Motordrehzahl durch zweistufiges Kettengetriebe von 2300 min-1 auf die Schlagfrequenz von ca. 1,5 Hz
- Übertragung der Kräfte auf die Flügel mittels CFK-Pleuelstangen, Anstellwinkelsteuerung mittels gekoppelter Hilfslenker

Detailansicht des Hubflügelantriebs: Unten im Bild der Elektromotor, darüber das 2-stufige Untersetzungsgetriebe

Möglichkeit der Zulassung/Prüfung entsprechend Anforderungen der 120 kg-UL-Klasse, Orientierung bei der Konstruktion an der LTF-L (Lufttüchtigkeitsforderungen für aerodynamisch gesteuerte Luftsportgeräte bis 120 kg Leermasse).

Karl-Heinz Helling, treibende Kraft des Projekts, ist Diplom-Ingenieur für Flugzeuggerätebau im Ruhestand und arbeitet bereits seit 30 Jahren an der Umsetzung der Idee des Hubflügels. Im Lauf der Jahre sind dabei zahlreiche, zum Teil flugfähige Modelle entstanden.

Detailansicht der Hubkinematik: Im Hintergrund die Pleuelstange zur Übertragung der Hubbewegung auf den oberen Flügellenker, im Vordergrund der Hilfslenker zur Steuerung des Anstellwinkels

Beim UL-Flugzeug HE 210 stehen die Ergebnisse der Flugerprobung noch aus und man darf gespannt sein, inwieweit der Hubflügel bezüglich Effizienz und Lebensdauer die Erwartungen erfüllt.

Die Jury des Berblinger Wettbewerbs 2016 hat die beharrliche Entwicklungsarbeit mit einem Sonderpreis gewürdigt.

Hubflügelanlenkung

Elektro Flywhale

Sonderpreis 1.000 EUR

Thomas Strieker, Verl, und **Thomas Senkel**, Kusterdingen
mit Unterstützung von Flywhale Aircraft GmbH, Dötlingen

Elektro Flywhale (Computergrafik: Strieker/Senkel)

Dipl.-Ing. Thomas Strieker und Dipl.-Phys. Thomas Senkel sind in der Luftfahrt-Fachwelt keine Unbekannten. Thomas Strieker gründete 2002 zusammen mit seinem Bruder Matthias die Silence Aircraft GmbH, die mit zahlreichen Projekten ein umfangreiches Wissen im Bereich der Faserverbundbauweisen gesammelt hat und mit „Silence Twister" sowie der kunstflugtauglichen „Silence Twister electro" für Aufsehen sorgte. Senkel hat 1996 das Forschungsbüro Senkel gegründet, dessen Schwerpunkt seit 2007 bürstenlose Elektromotoren für mobile Anwendungen sowie eine Reihe anderer Projekte aus der Fahrzeugtechnik sind (vgl. Wettbewerbsbeitrag „Skyrider One"). Für das Projekt „Elektro Flywhale", mit dem sich Thomas Strieker und Thomas Senkel am Berblinger Wettbewerb 2016 gemeinsam beteiligen, arbeiten sie mit dem Hersteller des UL-Amphibien-Flugzeugs „Flywhale", der Firma Flywhale Aircraft GmbH, zusammen. In der Ausführung mit dem Verbrennungsmotor Rotax 912 iS wurde dem „Flywhale" die deutsche Musterzulassung im Frühjahr 2017 erteilt.

Grundidee des Wettbewerbsbeitrags ist der Ersatz des Verbrennungsmotors des „Flywhales" durch einen mehrmotorigen Elektroantrieb mit hybrider Energieversorgung aus LiPo-Akku, Range-Extender und ggf. Solarzellen, womit eine Reichweite von etwa 750 km erreicht werden soll. Durch den Einsatz von bis zu sechs Motoren, die redundant betrieben werden, bietet das Antriebskonzept eine hohe Sicherheit. Für das einfache und sichere Manövrieren bei Wind und Wellen auf dem Wasser lassen sich die Motoren auch im Umkehrschub betreiben. Propellerdralleffekte werden durch die gegenläufig drehenden Motoren weitestgehend aufgehoben und das Flugzeug kann so im Wasser einfacher gestartet werden. Eine erweiterte Musterzulassung als UL wurde bereits mit dem Luftsportgerätebüro abgesprochen. Der Betrieb eines solchen dezentral motorisierten Fluggerätes ist mit einer UL-Lizenz zulässig. Ein wichtiger Aspekt dabei ist, dass es nur einen Regler für den Gesamtschub gibt und nicht jeder Motor einzeln vom Piloten kontrolliert werden muss. Für die differenzielle Schubsteuerung zum Manövrieren auf dem Wasser wird eine Richtungsinformation vorgegeben. Die optimale Ansteuerung der Motoren erfolgt automatisch. Die Zahl der Elektromotoren ist noch nicht endgültig festgelegt, die Vorstellungen reichen von 2 bis 6. Der notwendige Leistungsbedarf ist bestimmt durch die Anforderung für den Wasserstart. Dafür ist kurzzeitig eine Spitzenleistung von 100 kW erforderlich, die nach dem Abheben für den Steigflug auf 72 kW reduziert werden kann. Für den Reiseflug mit rund 135 km/h genügen 25 kW.

Während die Konstruktionsdaten für die Flugzeugzelle durch die Verwendung der Flywhale-Zelle weitgehend festliegen, sind die Überlegungen für die Auslegung des Antriebsstrangs noch nicht abgeschlossen. Trotz höherer Masse und höheren Kosten sollten die Vorteile des Elektroantriebs für den Einsatz in lärmempfindlichen Gegenden gerade für ein Wasserflugzeug wesentliche Vorteile bieten.

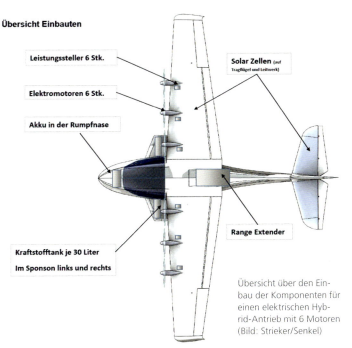

Übersicht über den Einbau der Komponenten für einen elektrischen Hybrid-Antrieb mit 6 Motoren (Bild: Strieker/Senkel)

Aktuelle technische Daten

Die technischen Daten der Zelle entsprechen denen des ursprünglichen „Flywhale", lediglich die Leermasse erhöht sich durch den erforderlichen Akku gegenüber dem Verbrennerantrieb um rund 30 kg. Weitere Daten sind:

Spannweite	9,0 m
Länge	6,65 m
Bugrad, Einziehfahrwerk	
Lastvielfache	4/-2 g
Besatzung	2 Personen
MTOW inkl. Rettungsgerät	517,5 kg
Leermasse	374 kg
Akku	9,4 kWh/47 kg
Flugzeit bei 25 kW:	22 min
Range Extender	25 (30) kW, 42 kg
Antrieb	2 bis 6 Elektromotoren
Startleistung	100 kW
Reiseflug bei 135 km/h	25 kW
Kraftstoffmenge	60 l
$V_{max\ Reise}$	200 km/h
V_{Stall}	65 km/h
V_{NE}	235 km/h
Reichweite	ca. 750 km

FLEDGE – Flexible Leading Edge

Johannes Achleitner, Garching
mit Unterstützung von Arthur Schlothauer, Katharina Jocham, Luka Salehar
Lehrstuhl für Leichtbau, TU München

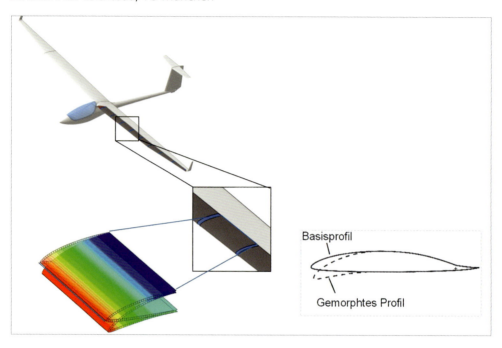

Streckenflüge über 1000 km und mehr an einem Tag sind heute mit modernen Segelflugzeugen bei entsprechenden Wetterlagen machbar. Johannes Achleitner geht daher den Donauflug mit einem Hochleistungs-Segelflugzeug an. Wesentlich für das Gelingen sind beste Leistungen im schnellen Vorflug und beste Werte im Langsamflug beim Höhengewinn in der Thermik, zugleich verlangen die Zulassungsbedingungen immer auch einen sicheren Betrieb in allen Flugzuständen. Beide Forderungen gleichzeitig zu erfüllen, ist mit einem starren Flügelprofil nicht möglich, sodass man bisher durch die Verwendung von Wölbklappen an der Flügelhinterkante, die eine Profiländerung und Anpassung an verschiedene Flugzustände ermöglichen, eine bestmögliche Auslegung erzielt. Weitere Leistungssteigerungen der Segelflugzeuge wurden in den vergangenen Jahren durch neue Flügelgeometrien, Profile und Winglets erreicht.

Eine weitere deutliche Verbesserung der Flugleitungen versprechen sich Johannes Achleitner und sein Team mit der zusätzlichen Verwendung einer formvariablen Tragflächen-Vorderkante, also spaltloser Slats, die Gegenstand des Wettbewerbsbeitrags sind.

Zur aerodynamischen Flügelauslegung führt Achleitner aus: „Auf Basis des Hochleistungssegelflugzeugs ASW 27 wurde mittels des interaktiven Entwurfsprogramms XFOIL ein formvariables Profil entwickelt, das in unverwölbter Stellung aus Gründen des optimierten Vorflugs ein um 1,4 Prozent abgedicktes ASW-27-Profil darstellt. In verwölbter Position erhöht sich die Wölbung der Skelettlinie drastisch und bildet ein für den Langsamflug optimiertes Profil. Die ideale Kombination von Wölbklappenstellung und Vorderkanten-Verwölbung liefert eine Steigerung des maximalen Auftriebsbeiwerts bei einer gleichen Wölbklappenstellung (10 Grad) von 1,3 auf 1,7. Durch größere Wölbklappenausschläge reicht die Steigerung bis zu maximalen Auftriebsbeiwerten von 1,95". Die verbesserten Profileigenschaften lassen zudem eine Optimierung der Flügelgeometrie zu. Im Vergleich zum Referenzflugzeug ergibt sich daraus eine deutliche Steigerung der Gleitleistung beinahe im gesamten Geschwindigkeitsbereich.

„Durch die aufgelisteten Daten, wird deutlich, welches hohe aerodynamische Potenzial in dem Entwurf steckt", so Achleitner weiter.

Die Lösung der konstruktiven Probleme des Flügels, der einen völlig geänderten Aufbau erhalten muss und die Auslegung spezieller Aktoren für die Verwölbung der Flügelnase wurde mit einem Demonstrator bereits nachgewiesen.

Wesentliche Elemente der Konstruktion sind:
– Eine formvariable Schalenbauweise, genannt „Cell-Skin", die die aerodynamische Außenkontur der Tragflügel-Vorderkante bildet und besonderen Verformbarkeitsrandbedingungen unterliegt.
– Elastische Gelenkstrukturen (Compliant Mechanism), aus 3-D-gedruckten Hochleistungspolymeren (PEEK), die in regelmäßigen Abständen in Spannweitenrichtung angeordnet sind und der Cell-Skin eine verformbare Kontur aufprägen.

Die Cell-Skin ist eine hoch anisotrope Schale, die eine hohe Steifigkeit in Spannweitenrichtung und eine geringe Steifigkeit in Richtung der Flügeltiefe ermöglicht. Die elastischen Gelenkstrukturen erzeugen die Verwölbung und leiten die aerodynamischen Kräfte der Flügelvorkante in den Restflügel, wobei unerwünschte Profil-Verformungen verhindert werden.

Der Blick von der Seite in das Demonstrator-Flügelstück lässt den Aufbau sehr schön erkennen. Die gelben Teile bilden die elastische Gelenkstruktur, die im Anlenkpunkt durch Gabelköpfe, die durch den Holm reichen, angesteuert wird. Diese sind auf der

Struktur des Demonstrators für den formvariablen Vorflügel (Bilder: J. Achleitner)

Rückseite des Holms in angeschraubten Flanschen gelagert und durch Umlenkhebel und Koppelstangen für eine synchrone Bewegung miteinander verbunden. Alles in allem ist es noch ein gutes Stück Entwicklungsarbeit, bis das interessante Konzept den erhofften Leistungssprung im Segelflug nachweisen kann.

DON HeGL – traggasbefüllter Gleiter

Matthias Blöcher, Siegen

Dreiseitenansicht und Abmessungen DON HeGl (Bild: M. Blöcher)

Der Vorschlag DON HeGL stammt von dem Industriedesigner Matthias Blöcher aus Siegen. Der Name DON HeGL ist die Kurzform von Donau-Helium-Gleiter. Dabei handelt es sich um ein Nurflügel-Segelflugzeug in Doppeldeckerausführung, das durch große Traggastanks so viel zusätzlichen Auftrieb erhält, dass es im Segelflug eine Strecke von 1000 km mit einer Reisegeschwindigkeit von 135 km/h gleiten kann. Durch die Traggasunterstützung soll ein „Kurbeln" in der Thermik weitgehend überflüssig werden.

Der Wettbewerbsbeitrag ist eine reizvolle Idee, die mit viel Engagement präsentiert wird, die aber wichtige Fragen bezüglich der technischen Realisierung offenlässt:
- Das angestrebte Leergewicht von 350 kg ist ambitioniert und dürfte auch mit extremem CfK-Leichtbau nicht erreichbar sein. Da der Gleiter nicht zerlegbar ist, sind Handling und Straßentransport schwierig.
- Das Abfluggewicht mit Helium-Traggasfüllung (0,18 kg/m3) und einem Piloten mit 75 kg Gewicht ergibt 493 kg. Der Auftrieb von 379 m3 Helium beträgt rund 379 kg (1kg/m3). Somit müssen noch etwa 114 kg durch aerodynamischen Auftrieb gehoben werden.

- Der Gleiter DON HeGL ist ein Luftfahrzeug vom Typ „schwerer als Luft". Da es keinen Antrieb besitzt, muss die Vorwärtsgeschwindigkeit durch Abgleiten aus der Flughöhe erzeugt werden. Die aerostatische Auftriebshilfe durch das Helium vergrößert dabei nicht die Reichweite des Flugzeugs, sondern verlängert nur die Flugdauer. Moderne Hochleistungs-Segelflugzeuge erreichen bei einer Fluggeschwindigkeit von 135 km/h eine Gleitzahl von rund 60, d. h. aus einem Kilometer Flughöhe können sie 60 km weit gleiten. Der eingereichte Entwurf zu DON HeGL dürfte dies nach Einschätzung der Jury konstruktionsbedingt noch nicht erreichen.
- Angaben, wie Don HeGL ohne Antrieb die insgesamt erforderliche Höhe für eine Flugstrecke von 1000 km erreicht, enthalten die eingereichten Unterlagen nicht.
- Auf die Flugstabilität der Nurflügelauslegung wird im Wettbewerbsbeitrag ebenfalls nicht eingegangen.
- Das Traggas wird im Rumpf und in den Flügeln gespeichert (s. Abb.). Eine einfache Nachprüfung, ob dies möglich ist, zeigt ein Problem auf: Die Spannweite eines Flügelteils beträgt etwa 12 m, die mittlere Flügeltiefe etwa 2,3 m, woraus sich eine Flügelfläche von rund 27,6 m² ergibt. Um in diesem Flügel 55,52 m3 Traggas unterzubringen, müsste er unrealistische 2 m dick sein.

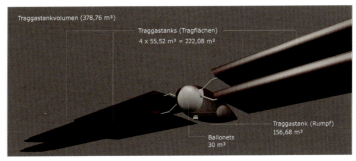

Tanksystem DON HeGL (Bild M. Blöcher)

Viel Mühe gibt sich der Bewerber mit den Handlingsanweisungen für Start und Landung und der Auslegung der Instrumentierung (s. Abb.). Don HeGL ist ein origineller, anregender Beitrag mit sehr interessanten Details beim Design. Für die Vision eines Donauflugs ist es eher als Grundlagenstudie zu verstehen.

DON HeGL im Flug über Ulm (Computergrafik: M. Böcher)

Energieeffizienter Leichtbau

Jörg Hollman, Buxtehude
mit Unterstützung von Hochschule 21, Buxtehude und AMM Enterprise GmbH

Beispiel zur Verlegung der Faserverstärkung (weiß). Die Faserverstärkungen werden vor dem Aufbringen mit Epoxydharz getränkt. Die Anzahl der Fasern und deren optimale Aufteilung auf mehrere Faserstränge ergeben sich aus der notwendigen Festigkeit der Verbindung und der Festigkeit der Fasern. (Bild: Hollmann)

Der Vorschlag von Jörg Hollmann ist eine originelle, vielversprechende Idee für einen extremen Leichtbau und zielt auf eine Reduzierung des Strukturgewichts manntragender Luftfahrzeuge um mindestens 50 Prozent. Damit lässt sich die notwendige Antriebsenergie deutlich verringern. Der Wettbewerbsbeitrag repräsentiert somit einen wesentlichen Schlüssel für den emissionsarmen Flug.
Das vorgestellte Konzept basiert auf der Verwendung eines Fachwerks aus gewickelten CfK-Rohren als tragende Primärstruktur, um
die hohe Gestaltfestigkeit und Steifigkeit eines räumlichen Fachwerks und
die gewichtsbezogen guten mechanischen Kennwerte des Werkstoffs CfK
miteinander zu kombinieren. Die Preise für die gewickelten CfK-Rohre, die sich auch mit definierter Faserrichtung herstellen lassen, sind in den letzten Jahren stark gesunken, viele Abmessungen sind standardisiert ab Lager erhältlich.

Problematisch bei derartigen Konstruktionen sind die Knotenpunkte des Fachwerks. Eine Verbindung mit Muffen, wie z. B. bei Fahrradrahmen, ist konstruktiv schwierig, da sich die Fertigungsqualität schlecht kontrollieren lässt. Jörg Hollmann löst dieses Problem, indem er die Rohre mit flexiblen epoxydharzgetränkten

Faserverstärkungen verbindet. Diese sind so aufgebracht, dass ein maßgeblicher Anteil der Faserstrukturen in Zugrichtung belastet (s. Abb.) und dadurch ein seitliches Auswandern verhindert wird. Durch ergänzendes Cobonding wird eine verlässliche Verbindung zwischen Rohren und Verbindung erzielt.

Für die beschriebene Technologie wurde vom Deutschen Patent- und Markenamt das Gebrauchsmuster Nr. 20 2015 005 942 erteilt.
Eine erste Serienanwendung des vorgestellten Konzepts ist für das Leichtflugzeug *Corsair* vorgesehen, dessen Rumpf als CfK-Rohfachwerk in der oben beschriebenen Faserverbundtechnik konstruiert wurde. Flügel und Leitwerke sollen ebenfalls aus Kohlefaser bestehen. Die *Corsair* ist ein Ultraleichtflugzug der 120-kg-Klasse. Gemäß den flugmechanischen Berechnungen ermöglicht das geringe Strukturgewicht in dieser Klasse bisher unerreichte Flugleistungen.

Corsair UL-Flugzeug der 120-kg-Klasse (Computerbild: JH Aircraft)

Die Hochschule 21 Buxtehude wird das Vorhaben mit Bruchversuchen der Kohlefaser-Strukturen und mit Formen für die Serienfertigung von Flügel und Leitwerk unterstützen. Die AMM Enterprise GmbH stellt erfahrene Konstrukteure und Berechnungs-Ingenieure zur Verfügung. Die JH Aircraft GmbH leitet diese Kooperation und zeichnet für die Entwicklung, Zulassung, Bau und Vermarktung der Corsair verantwortlich. Der Erstflug ist für Anfang 2017 geplant.

Die Entwicklung von Jörg Hollmann hat nicht nur ein großes Potenzial für die Gewichtsreduzierung von UL-Flugzeugen, sondern sie lässt sich darüber hinaus in anderen Bereichen des Leichtbaus einsetzen.

Projektierte technische Daten	
Spannweite	7,50 m
Länge	6,30 m
Reisegeschwindigkeit	168 km/h
Höchstgeschwindigkeit	200 km/h
Motor: Verner Scalett 3 VW (3-Zyl-Vierrakt-Sternmotor)	
Max. Leistung bei 2500 1/min	31 kW
Dauerleistung bei 2200 1/min	25 kW
Masse	ca. 32 kg
Leermasse unter	120 kg
MTOW	250 kg
Zulässige Lastvielfache	+6/+4 g

Strahlsegler

Georg E. Koppenwallner, Göttingen
mit Unterstützung von Plotterland Invention und Amelsens GmbH

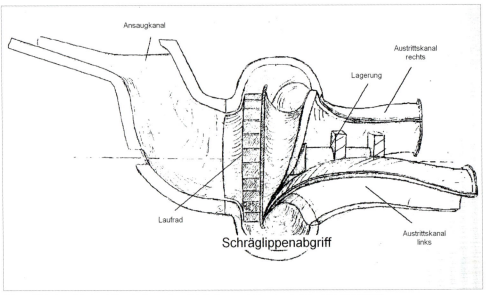

Schemabild eines Schubgebläses in Form eines Schräglippengebläses (nach Patent EP-22222960)

Mit der Entwicklung, dem Bau und der Erprobung eines Schubgebläses (Furbo) als Antrieb für ein Segelflugzeug beschäftigt sich Georg Koppenwallner seit über 15 Jahren. Mehrfach hat er darüber auf Segelflugsymposien berichtet. Die Umsetzung in ein einsatztaugliches Produkt geht aber nur zögerlich voran. Ein dringend gesuchter Kooperationspartner fand sich mit der Amelsens GmbH, einem auf Innovationsmanagement spezialisierten Ingenieurbüro. Mit dem deutschen Patent DE-10300621(2003/2008) und dem europäischen Patent EP—22229160 (2007/2015) wurden die Schutzrechte gesichert.

Das hier zugrunde liegende Prinzip für das Schubgebläses ist einfach: Über Ansaugöffnungen in der Mitte der Rumpfoberseite des Segelflugzeugs wird Umgebungsluft angesaugt und in einem Radialgebläse verdichtet, dann seitlich am Rumpf als Vortriebsstrahl ausgeblasen. Wesentliches Konstruktionselement ist dabei die Umlenkung der radialen Strömung in eine axiale Strömung durch einen Schräglippenabgriff am Laufrad. Der Antrieb des Radialgebläses kann durch einen Verbrennungs- oder Elektro-Motor erfolgen. Um die Vortriebsleistung zu erhöhen, lassen sich auf einer Welle auch mehrere Gebläse-Einheiten hintereinander anordnen. Ein Vorteil des Schubgebläses besteht darin, dass es einen kompakten, aerodynamisch optimalen Einbau in die Rumpfröhre des Segelflugzeugs zulässt, sodass keine Triebwerksgondeln oder -ausleger mit hohem Luftwiderstand, wie bei anderen Segelflugantrieben, erforderlich sind. Der Einbau erfordert aber einen erheblichen Eingriff in die Rumpfstruktur. Der s-förmige Einlauf ist zudem empfindlich gegen Fehlanströmungen, zum Beispiel beim Schiebeflug, und der Wirkungsgrad ist derzeit noch unbefriedigend.

Schon 2013 bewarb sich Georg Koppenwallner beim Berblinger Wettbewerb. Die Bewertung der Jury lautete damals: „Das Konzept ist sehr interessant und innovativ, die Technologie ist bislang allerdings noch nicht bis zur Einsatzreife entwickelt. Durch Versuchsträger wurde die Machbarkeit nachgewiesen. Bis zur Anwendungsreife ist aber noch eine Vielzahl von Problemen zu lösen."

Die Entwicklung und der Bau neuer Funktionsmodelle und die Erprobung verschiedener Antriebe wurden bisher mit Eigenmitteln realisiert. In Zukunft hofft man auf finanzielle Hilfe aus dem „Mobilitätsprogramm des Landes Niedersachsen". Mit den neuen Ergebnissen und verbesserten Erfolgsaussichten hat sich Georg Koppenwallner am Berblinger Wettbewerb 2016 erneut beteiligt. Die Jury hat die inzwischen erzielten Fortschritte zustimmend zur Kenntnis genommen, ihr Urteil von 2013 aber beibehalten. Sie wartet gespannt auf die weitere Entwicklung.

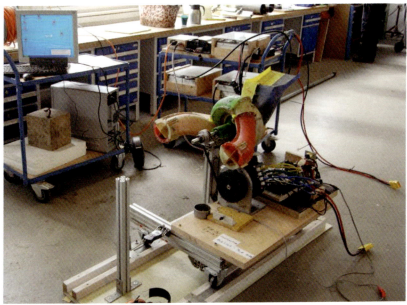

Versuchsaufbau mit dem aktuellen Funktionsmodell FM13-E, das von einem Elektromotor angetrieben wird. Im Hintergrund sieht man die Akku-Pakete und den PC zur Datenaufzeichnung. (Bild: G. E. Koppenwallner)

Aktuelle und zusätzliche Informationen findet man im Internet unter
http://flugantrieb.ploland.de/Archiv.html

DESiE

Wolfgang Liehmann, Weingarten, Team Silentflight e. V.

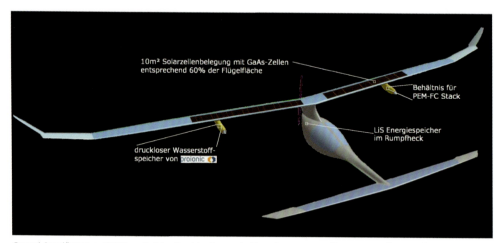

Canard-Segelflugzeug DESiE – mögliche Kombinationen der Energieversorgung (Computergrafik: W. Liehmann)

Die DESiE-Gruppe um Wolfgang Liehmann zählt beim Berblinger Wettbewerb zu den „alten Bekannten". Seit 1991 betreibt sie die Entwicklung eines eigenstartfähigen, zweisitzigen Segelflugzeugs mit elektrischem Antrieb. Dafür wurde die Interessengemeinschaft „Silentflight" gegründet, in der sich seit 1996 Fachleute aus den Bereichen Elektronik, Informatik, Flugzeugbau und Propellerdesign engagieren. Beim Berblinger Wettbewerb 2006[1] erhielt die Gruppe für das innovative Konzept einen zweiten Preis.

Leider ist es der Gruppe bislang nicht vergönnt, von einem zahlungskräftigen Sponsor unterstützt zu werden, weswegen die Entwicklung des Flugzeugs nur langsam vorangeht. Immerhin kann das Konzept immer wieder an technische Fortschritte bei der Energieversorgung und dem elektrischen Antrieb angepasst werden.

Der Wettbewerbsbeitrag 2016 sieht für die Energieversorgung eine Kombination aus Hochvolt-Batterie (Lithium-Schwefel-Akkus), Solarzellen und Brennstoffzellen vor, die flexibel kombinierbar sind, was durch die Unterbringung im Rumpfheck einfach machbar ist. Rechnerisch ergeben sich Reichweiten von 436 bis 600 km. Basis für die Berechnung ist eine Abflugmasse (MTOW) von 610 kg bei einer möglichen Zuladung von 80 kg für die Energieversorgung des Antriebs. Um möglichst große Reichweiten zu erzielen, wurde eine Flugzeugkonfiguration gewählt, die speziell auf eine maximale Effizienz im Reiseflug ausgelegt ist. Dazu gehören ein Propeller mit 91 Prozent Wirkungsgrad und ein besonders geringer, induzier-

---

[1] Stadt Ulm: Fliegen mit innovativen Technologien – Dokumentation der Berblinger Wettbewerbe 2006 und 2011, S. 28–30, Ulm 2013.

ter Strömungswiderstand in Verbindung mit dem Canard-Design. Durch „elastic flaps" auf der Flügeloberseite sollen im Bereich der Propellerebene die von der Tragflächenhinterkante abgehenden Wirbel aufgefächert werden, wodurch der Lärm reduziert wird. Die Rumpfbeschichtung mit Nanolack oder der sogenannten Haifischhaut (Lotus-Effect) trägt zur Minimierung des Reibungswiderstandes bei. Gegenüber 2006 wurde die Motorleistung von 15,2 auf 24 kW erhöht, was auf eine rechnerische Steigleitung von 2,2 m/s führt. Mit einer Reiseflugleistung von 4,2 kW ergibt sich eine Reisefluggeschwindigkeit von 90 km/h.

Obwohl das Konzept schon vor einigen Jahren entwickelt wurde, erscheint es immer noch innovativ. Das zeigen Details wie: konsequente Wabensandwich-Leichtbauweise, einfache Kommunikation der Besatzung durch Side-by-Side-Anordnung der Sitze, integriertes Gesamtrettungssystem, servoelektrisch betätigte Widerstandsruder, Einziehfahrwerk, transreflektives Flight-Display zur Anzeige von Flug- und Betriebsdaten.

Rohbau Rumpf im Jahr 2000

DESiE Dreiseitenansicht	
Spannweites	20,8 m
Canardspannweite	8 m
Rumpflänge	5,45 m
Maximalgeschwindigkeit	232 km/h
Stallgeschwindi/gkeit	72 km/h
Bestes Gleiten	ca. 47

Cockpit-Design im Jahr 2009

Formen der Tragflügel im Jahr 2015
(Alle Bilder: W. Liehmann)

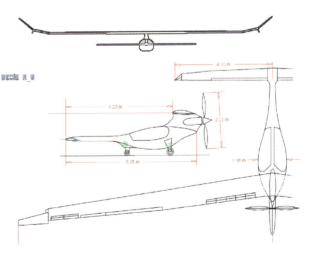

Energy Trader

Klaus Plesser, Duisburg

Antriebseinheit in Startstellung (Bild: K. Plesser)

Der Konzeptstudie von Klaus Plesser liegt die Idee zugrunde, ein Hochleistungssegelflugzeug so zu modifizieren, dass damit ein umweltfreundlicher Langstreckenflug über 2800 km möglich wird.
Die Basisdaten des Segelflugzeugs sind:
- Flügel in Hochdeckeranordnung
- Masse 800 kg, (mit Laminarflügel 850 kg),
- Spannweite 20 m, Streckung 31,7, Flügelfläche 12,4 m², Gleitzahl 56.

Die Modifikationen betreffen:
- Einbau eines elektrischen Antriebs mit einer Faltluftschraube am Rumpfheck
- Laminarhaltung des Flügels durch Transportbänder zur Leistungsverbesserung
- Einsatz eines elektrischen Generators zur Batterieladung im Flug durch eine weitere ausfaltbare Luftschraube

Elektroantrieb

Motor, Getriebe und Faltluftschraube bilden eine kompakte Einheit und sind am Flugzeugheck platziert. Diese Anordnung ermöglicht eine einfache Konstruktion mit optimalen Bedingungen für den Wirkungsgrad der Propellers, sowie der Zugänglichkeit und der Kühlung des Motors. Widerstandszehrende Schlitze und Klappen entfallen und ein Austausch ist in kurzer Zeit möglich. Zum Start wird die Antriebseinheit um 15 Grad nach oben gekippt und das Flugzeug im Autoschlepp oder durch Katapultstart mit einem elastischen Seil in die Luft gebracht. Wenige Meter Höhe genügen dafür. Danach wird die Antriebseinheit sekundenschnell in einem Schaltschritt horizontal ausgerichtet, auf Startleistung geschaltet und die Faltluftschraube entfaltet sich. Nach einem kurzen Horizontalflug beginnt der Steigflug.
Als Motor ist ein permanenterregter Synchronmotor mit einer Maximalleistung von 37 kW bei 17000 U/min vorgesehen, der für den Einsatz im Motorsport vom Akademischen Motorsportverein Zürich (AMZ an der ETH Zürich) entwickelt wurde. Ein Planetengetriebe reduziert die Drehzahl für den 2,3 m Propeller auf 1200 U/min. Gespeist wird der Motor aus einem Li-Ion-Akku vom Typ BLIRND 46P LQ mit einer Kapazität von 90 kWh, der von der Kreisel GmbH aus Freistadt (Öster-

reich) hergestellt wird. Als Anode wird bei diesem Akku anstelle von Grafit ein Lithium-Nano-Material verwendet, wodurch sie unbrennbar wird. Aufgebaut ist der Stromspeicher aus 6160 Rundzellen mit 19,5 mm Durchmesser und 62 mm Länge, die in der Nase des Tragflügels platziert sind.

Das Flugprofil sieht nach dem Start (s. nachfolgendes Bild rechts) einen schnellen Steigflug unter Volllast auf 200 m Höhe vor, der weitere Steigflug erfolgt mit auf 13,12 kW reduzierter Leistung bei 154 km/h TAS und 0,6 m/s Steigen auf 3000 m, dann beginnt der Reiseflug. Für eine TAS von 166 km/h ist eine Leistung von 6,854 kW notwendig. Der Endanflug erfolgt im Gleitflug.

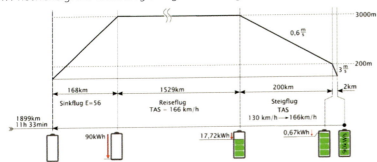

Flugprofil im Elektroflug 1899 km/11 h (Anfang rechts!) Annahme Standardbedingungen (Bild: Plesser)

Laminarflügel

Um eine laminare Flügelströmung zu erreichen, soll auf der Flügeloberfläche im Bereich hinter dem Hauptholm eine mitbewegte Oberfläche eingebracht werden, die sich so schnell bewegt, dass keine Reibung mehr in der Grenzschicht und somit keine Turbulenz entstehen kann. Konstruktiv soll dies durch rotierende Bänder oder dicht aneinander liegende Schnüre erreicht werden, die in 34 nebeneinander liegenden Kassetten durch Walzen mit einer Drehzahl von bis zu 33000 U/min angetrieben werden.

Klaus Plesser erwartet dadurch eine so große Erhöhung der Gleitzahl, dass die Reichweite – bei gleichem Flugprofil wie oben – auf 2671 km erhöht würde. Diese Angabe konnte rechnerisch durch die Berblinger Jury leider nicht verifiziert werden. Hinzukommen Fragen der Machbarkeit und der Betriebssicherheit. Die zusätzliche Massenerhöhung schätzt Plesser auf 50 kg.

Flügelabschnitt mit eingebauter Kassette im Schnitt, rot: Akku in der Flügelnase (Bild: K. Plesser)

Propellerturbine

Auf der Antriebswelle am Flugzeugheck ist neben dem Antriebs-Faltpropeller auch ein zweites ausfaltbares Blattpaar angebracht, durch das bei eingeklapptem Antriebspropeller der Motor als Generator angetrieben werden kann, um den Flugzeug-Akku aufzuladen. Ein solcher Betrieb ist möglich, wenn starke thermische Aufwinde durch „Andrücken" des Flugzeugs ausgenützt werden können. Das Aufklappen des Propellers der Turbine geschieht nicht automatisch, es muss vom Piloten ausgelöst werden. Die mit der Propellerturbine maximal erreichbare Leistung, die Klaus Plesser mit 27,5 kW angibt, konnte die Berblinger Jury rechnerisch nicht verifizieren. Die angegebene Reichweiten-Verbesserung um 480 km ist somit laut Einschätzung der Jury nicht möglich.

Propellerblätter von Antrieb (eingeklappt) und ausgeklappt von der Turbine (Bild: K. Pleser)

Solar Hybrid Electric Transporter

Eric und Irina Raymond, Manassas VA, USA
Mit Unterstützung von Kasaero GmbH, Karl Käser, Benjamin Sage, Jason Rohr

Solar Hybrid Electric Transporter, der Tragflügelbehälter für den dieselelektrischen Generator fehlt
(Computerbild: E. Raymond)

Nachdem Eric Raymond und sein Team mit den solar betriebenen Flugzeugen „Sunseeker" und „Sunseeker Duo" bei den Berblinger Wettbewerben 2011 und 2013 erfolgreich waren, stellten sie beim Berblinger Wettbewerb 2016 das anspruchsvolle Projekt eines 6-sitzigen Reiseflugzeugs mit elektrischem Hybridantrieb vor. Die Erfahrungen aus den vergangenen Projekten und neue Materialien kamen ihnen dabei zugute.

	Partenavia P68	Solar Hybrid Transporter
Spannweite	12 m	20 m
Flügelfläche	18,6 m2	30 m2
Leermasse	1230 kg	800 kg
MTOW	1990 kg	1500 kg
Antrieb	2 x 49 kW	2 x 40 kW
		2 x 80 kW Start
Reisegeschwindigk.	298 km/h	100 km/h
Reichweite	2112 km	1360 km

Statt der Entwicklung eines eigenen Designs orientiert sich der Entwurf von Eric Raymond am Beispiel der ebenfalls 6-sitzigen Partenavia P68 Observer. Die Konstruktionsparameter des geplanten Flugzeugs mussten selbstverständlich neu bestimmt werden. Einen Vergleich wichtiger technischer Daten zeigt die nebenstehende Tabelle. Die gravierende Verringerung der Leermasse ohne Festigkeitseinbuße wird durch die Verwendung von Carbon-Fiber-Prepregs, Nomex Honeycombs und

Rohacell Foam erreicht. Wo Metallteile erforderlich sind, sollen Titan oder Aluminium eingesetzt werden. Die Vergrößerung der Flügelfläche verringert die Flächenbelastung und damit die notwendige Motorleistung. Ergänzt wird dies durch eine aerodynamisch hochwertige Oberflächengestaltung und Profilgebung. Trotz dieser Maßnahmen ist ein reiner Solarbetrieb mit einem derartigen Flugzeug technisch noch nicht realisierbar. Die Bestückung der Flügel- und Leitwerk-Oberflächen mit Solarzellen erbringt maximal 8 kW, sodass auch bei zusätzlichem Einsatz von Akkus keine zufriedenstellende Reichweite möglich ist.

Eric Raymond hat sich daher für einen elektrischen Hybridantrieb entschieden: Zwei Elektromotoren mit jeweils 80 kW (108 PS), gespeist aus Solarzellen, ein dieselelektrischer Generator im Tragflügelbehälter und ein Zusatzakku für den Start sollen dem Flugzeug eine maximale Geschwindigkeit von 200 km/h und eine Reichweite von 1300 km bei 95 km/h Reisegeschwindigkeit ermöglichen. Die Treibstofftanks für den Dieselmotor des Generators sind im Flügel eingebaut. Für kurze Flüge an sonnigen Tagen kann der Tragflügelbehälter abgenommen und der Flug ausschließlich mit Akku- und Solarversorgung durchgeführt werden. Anstelle von Luftbremsen können die Propeller bei der Landung auf Umkehrschub geschaltet und zur regenerativen Energieerzeugung eingesetzt werden. Mittelfristiges Ziel des Projekts ist ein reiner Elektroantrieb des Flugzeugs nur mit Akkus und Solarzellen, um die Lärmbelastung zu minimieren und ohne Abgasemissionen auszukommen. Im zunächst geplanten Hybridbetrieb ist eine Verringerung nur teilweise möglich.

Das Projekt befindet sich noch in einem sehr frühen Planungsstadium. Man darf gespannt sein, wie Eric Raymond diese Idee realisiert.

Cockpitgestaltung (Bild: E. Raymond)

Tragflügelbehälter für den dieselelektrischen Generator (Bild: B. Sage, Universität Stuttgart)

Propellergetriebener Monocopter mit Blattwinkelautomatik

Harald Saalbach, Zwenkau

Schon zu Zeiten der DDR experimentierte Harald Saalbach mit Tragschraubern, was dien staatliche Organe argwöhnisch beobachteten. Da die lange Startstrecke der Tragschrauber ein geeignetes Gelände erforderte und die Versuche dadurch kaum verheimlicht werden konnten, wandte sich Harald Saalbach um 1980 der Entwicklung eines Minihubschraubers einfachster Bauart, Fliegbarkeit und hoher Flugsicherheit zu. Die Theorie brachte er sich selbst bei. Das Fluggerät konnte er nicht fertigstellen, da staatliche Stellen die Entwicklung stoppten. Erst 1989 nach der Wende konnte Harald Saalbach an seinem Projekt weiterarbeiten.

Versuchsaufbauten

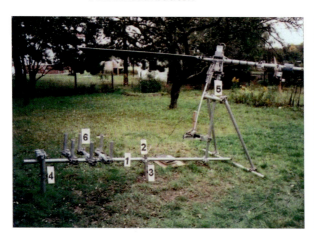

Das Bild links zeigt den Testaufbau für das 1-Blatt-Rotorsystem. Es besteht aus einem Längsrohr (1), das drehbar gelagert ist (2) und einen Waagebalken bildet. Der Anschlag (4) verhindert ein seitliches Wegdrehen. Am rechten Ende des Waagebalkens ist der Rotormast (5) mit Verstrebungen angebracht. Mit den Justiergewichten (6) kann ein gewünschtes Abhebegewicht voreingestellt werden. Oben am Rotormast ist das Rotorsystem nicht schwenkbar befestigt, was durch Blockierung der Kippkopfsteuerung gewährleistet ist.

Das rechte Bild zeigt die transportable Versuchsanlage für Rotationstests, mit denen die Tauglichkeit von Motoren mit Membranvergasern für einen 1-Blatt-Rotor unter Volllast untersucht und nachgewiesen wurden. (Bilder: H. Saalbach)

Die Idee des Einblatt-Hubschraubers oder Monocopters, bei dem ein einzelnes Rotorblatt den Auftrieb erzeugt und ein Gegengewicht am Ausleger für einen Massenausgleich sorgt, ist alt. Ebenso ist die Methode seit langem bekannt, die Kraft zur Drehung des Rotors am Rotor selbst zu erzeugen, um keinen Drehmomentausgleich, z. B. durch einen Heckrotor oder einen zweiten gegenläufigen

Rotor, zu benötigen. Harald Saalbach verwendet dafür einen Verbrennungsmotor mit Luftschraube am Gegenausleger des Rotorblatts.

Der Modellflug-Motor TITAN ZG 62SL (4,3 PS, Hubraum 62 cm3, Masse 2 kg) von Komatsu Zenoah am Rotor-Ausleger. Im Hintergrund ist der Propeller zu sehen. Mit der Scheibe im Vordergrund ist ein Anlassen mit Schnurzug möglich. Man sollte es aber können! (Bild: H. Saalbach)

Ungewöhnlich ist der Vorschlag, die Flugrichtung durch einen kleinen, nach rechts oder links schwenkbaren Hilfsantrieb zu steuern. Diese Vorrichtung besteht aus einem kleinen Motor mit Propeller, der an einem Ausleger angebracht ist, da ein Seitenruder bei kleinen Anström-Geschwindigkeiten keine ausreichende Wirkung erzielt. Klassische Tragschrauber haben dieses Problem nicht, da der Antriebsmotor das Seitenruder üblicherweise so stark anbläst, dass damit auch bei fehlender Fluggeschwindigkeit ein Drehmoment um die Hochachse erzeugt wird.
Neu und bemerkenswert ist die Idee, den Anstellwinkel des Rotorblatts (pitch) bei Ausfall des Antriebsmotors selbstständig auf den für eine Autorotationslandung erforderlichen Wert einzustellen. Bei dieser Sicherheitsvorrichtung wird ein regulärer Blattwinkel erst dadurch ermöglicht, dass bei drehendem Rotor das Blatt durch den Propellerzug aus der Autorotationsstellung auf etwa 8 Grad Anstellwinkel gedreht wird und damit in den Hubschrauber-Betriebszustand geht. Sollte der Antrieb ausfallen, dreht das Rotorblatt selbstständig in die Autorotationstellung zurück. Durch ein akustisches Warnsignal, ausgelöst durch einen Blattwinkelschalter, wird der Pilot aufgefordert, die Knüppelstellung in Richtung Autorotationsnotlandung zu verändern, d. h. die Rotorebene anzustellen.
Die Höhensteuerung erfolgt im Flugmodus nur über die Leistungsregelung des Antriebs. Das Gerät wird über eine einfache Kippkopfsteuerung ähnlich wie ein Tragschrauber geflogen. Der Flugregimewechsel vom Hub- in den Tragschrauberzustand erfolgt fast nahtlos.
Für den anvisierten Donauflug ist der Hubschrauber kein typischer Einsatzfall und daher als originelle Grundlagenstudie anzusehen. Besonders hervorzuheben ist außerdem die durch diesen Wettbewerbsbeitrag dokumentierte jahrzehntelange Entwicklungsarbeit sowie das außerordentliche Durchhaltevermögen von Harald Saalbach.

UL-Mehrfachhybridmulticopter mit drehmomentfreien Zentralrotor

Harald Saalbach, Zwenkau

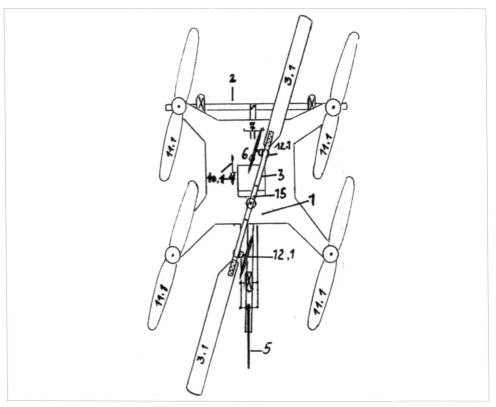

Abb.1: PropCopter aus Sicht von oben (Bild: H. Saalbach)

Im Gegensatz zu Hubschraubern ist es bei Multicoptern üblicherweise nicht möglich, die Blattwinkel für eine Autorotationslandung zu verstellen. Für bemannte Flüge mit Quadrocoptern ist dies ein erheblicher Sicherheitsmangel, denn bei Ausfall eines Auftriebselements stürzt das Gerät ab, da Steuerungsalgorithmen den Ausfall nicht ausgleichen können.

Gelöst werden kann das Problem durch einen Rettungsschirm oder durch eine Erhöhung der Zahl der Auftriebselemente auf 6 und mehr, denn so kann die Steuerung durch eine Verteilung der Leistung auf die übrigen Motoren einen Absturz verhindern. An der ETH Zürich wurde inzwischen auch ein Algorithmus für Flugsteuerungen entwickelt, der auch Quadrocopter trotz Ausfall eines Motors vor dem Absturz bewahrt.[2]

---

[2] M. W. Mueller und R. D. Andrea: Stability an control of a quadrocopter despite the complete loss of one, two or three propellers. 2014 IEEE international Conference on Robotics and Automation (ICRA), Hong Kong 2014, S. 45–52. doi: 10.1109/ICRA.2014.6906588.

Harald Saalbach schlägt einen anderen Weg vor, für den 2015 das Gebrauchsmuster Nr. 20 2015 003 722 erteilt wurde (Abb. 1). Bei diesem Verfahren wird der Quadrocopter (1) mit einem zusätzlichen Hubschraubertriebwerk mit 2-Blatt-Rotor mit automatischer Blattwinkelverstellung verbunden (2), wodurch im Störungsfall eine sichere Autorotations-Notlandung möglich sein soll. Diese Hybridkonstruktion wird als „PropCopter" bezeichnet. Kernstück ist ein propellergetriebener Zentralrotor (3) mit Kopf-Kipp-Steuerung (4) und einem aerodynamischen Seitenleitwerk (5). Am Steuerknüppel (6), an den Seitenruderpedalen (7) und am Leistungssteller (10.1–4) sind nach Abb. 2 Potentiometerabgriffe (8, 9, 101–103) angebracht, die Signale an den Flight-Controller (10) liefern, der die vier elektrischen Quadroantriebe (11.1) und die zwei elektrischen Blattantriebe (12.1) im Helicopterbetrieb steuert.

Gemäß Abb. 1 sind Quadrocopter-Rahmen (1) und Zentralrotor (3) über dem Landegestell (2) mit den Pilotensitzen in ausreichendem Sicherheitsabstand positioniert. Das Ganze bildet, wie man es von UL-Tragschrauber kennt, einen Festigkeitsverbund mit einem in Schwerpunktnähe senkrecht aufgestellt Rotormast.

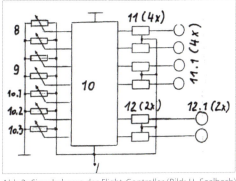

Abb.2: Signalschema des Flight-Controller (Bild: H. Saalbach)

Die erhöhte Flugsicherheit wird durch die automatische Blattwinkel-Synchroneinrichtung erreicht, deren Funktion in Abb. 3 erklärt wird. Die Rotorblätter (3.1) sind mit ihren Holmen (14) begrenzt drehbar am Rotormittelstück (15) über Schwenklager (20) befestigt und werden so bei anliegender Auftriebskraft belastungsabhängig verdreht. Fällt der Propellerzug aus, stellen sie sich automatisch auf den voreingestellten Autorotationsmodus ein. Entscheidend ist dabei, dass beide Rotorblätter, die am Rotormittelstück (15) mit ihrem Blattprofil um 180 Grad versetzt angebracht sind, ihre Blattwinkel synchron zueinander verstellen. Dies erfolgt über Umlenkhebel, die beiderseits des Rotormittelstücks über das Hebelsystem 16–19 an den Rotorholmen (14) angreifen.

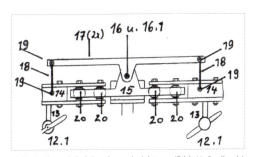

Abb. 3: Blattwinkel-Synchroneinrichtung (Bild: H. Saalbach)

In Abb. 3 sind auch die elektrischen Rotorblattantriebe (12.1) dargestellt, die über Abstandsstücke (13) angebracht sind.

Bei Ausfall eines Quadroantriebs muss der Pilot zügig reagieren, indem er die Zentralrotorantriebe (12.1) über die Bedieneinheit (10.1–4) auf Volllast stellt und dem Abkippen auf die Seite des ausgefallenen Quadroantriebs durch entsprechendes Neigen des Zentralrotors entgegenwirkt. Auch wenn das Gesamtsystem zusätzlich abgeschaltet wird, ist immer noch eine klassische Autorotations-Notlandung durchführbar.

Es ist festzuhalten, dass für den anvisierten Donauflug der Hybridmulticopter nicht als naheliegendes Fluggerät anzusehen, sondern als interessante Grundlagenstudie einzustufen ist.

Skyrider One

Thomas Senkel, Kusterdingen

Skyrider One beim Start und im Flug (Bild: Th. Senkel)

Dass der Physiker Thomas Senkel ein vielseitig interessierter Tüftler und Erfinder ist, zeigt sich an der Liste seiner erfolgreichen Projektideen, zu denen Liegeräder, Hooverboards und manntragende Multicopter zählen. Im Oktober 2011 gelingt Thomas Senkel der weltweit erste bemannte Flug mit dem elektrischen Multicopter-Prototypen VC1. Zusammen mit seinen zwei Entwicklungspartnern gründet Thomas Senkel die E-volo GmbH, die für die Weiterentwicklung zum Volocopter VC 200 zuständig ist. Der erhielt 2016 die vorläufige Verkehrszulassung. Im Jahr 2015 verließ Thomas Senkel das Team, um neue Ideen zu verfolgen. Bei den Berblinger Wettbewerbsbeiträgen 2016 ist er Partner im Projekt „Elektro Flywhale". Zudem wirkt Senkel schon länger beim Vorhaben „DESiE" mit. Im Winter 2015/16 entstand sein eigener Wettbewerbsbeitrag „Skyrider One", eine Kombination aus e-Bike und Gleitschirm. Thomas Senkel beschreibt sein Projekt folgendermaßen: „Meine Idee besteht nun darin, ein Fahrzeug mit nur zwei Rädern zu verwenden, das ganz regulär auf der Straße als E-Bike oder E-Motorrad gefahren werden kann. Zum Fliegen wird es dann an einen Gleitschirm angehängt und mit einem Propeller, ebenfalls elektrisch, angetrieben. Die Verwendung von zwei separaten Motoren für Radantrieb und Propeller ist ein wesentliches Merkmal des Skyrider One. Es hat entscheidende Vorteile, beim Start beide Antriebe unabhängig und überlappend verwenden zu können". Die Meldung vom Erstflug im März 2016 auf der

Kanareninsel La Palma stieß sofort auf großes Interesse, nicht nur in der Fachpresse, sondern auch bei möglichen Kooperationspartnern. Im Internet kann man das Video vom Erstflug ansehen.[3]

Das Handling des Skyrider One beschreibt Senkel wie folgt: „Der Start fand auf einem regulären Gleitschirm-Startplatz statt. Eine andere geeignete ebene Fläche war auf La Palma schwierig zu finden. Die Leistung hätte aber sicherlich ausgereicht, um auch in der Ebene zu starten. Der Start an sich war problemlos. Allein durch Anfahren mit dem Radnabenmotor des E-Bikes (rechter Drehgriff am Lenker) wird der Schirm aufgezogen. Der Wind sollte genau von vorne kommen, dann kommt der Schirm ganz sauber hoch. Danach wird mit dem Drehgriff links am Lenker der Propeller angeworfen. Erst kurz nach dem Start wird auf die Bremsleinen umgegriffen. Diese Prozedur klingt etwas ungewohnt gegenüber einem Trike, ist aber schnell erlernbar. Als Kritik kam von fachkundiger Seite, dass ich die Hände nicht an den Bremsleinen habe beim Start. Dies stellt aber m. E. kein Problem dar. Wenn der Schirm etwas schräg hochkommt, wird er einfach unterfahren. Bei einem Startabbruch greift man schnell um und bremst den Schirm runter. Dies habe ich bereits ausführlich auf einem kleinen Platz getestet. Die Balance mit den zwei Rädern stellt auch kein großes Problem dar, da mit den Füßen unterstützt werden kann. Insgesamt dauerte der Flug 46 Minuten, wobei ich auch reichlich Thermik mitgenommen habe. Als Gleitschirm diente ein regulärer Tandemschirm mit 42 m² Fläche und bis zu 230 kg Startmasse. Mit einer tatsächlichen Startmasse von nur 185 kg war der Schirm also reichlich groß dimensioniert." Etwas schwieriger dürfte die Landung sein, insbesondere wenn es wegen Seitenwind zu einer Schiebelandung kommt. Inzwischen denkt Thomas Senkel über Verbesserungen bei der Konstruktion des E-Bikes, einem verbesserten Motor mit Klappluftschraube und über die Verwendung eines Tretgenerators zur Stromerzeugung im Flug nach.

Das Konzept für das neue E-Bike mit Tretgenerator

Der Elektroantrieb der Luftschaube (Bilder: Th. Senkel)

Technische Daten
(Angaben Thomas Senkel)

Gesamtmasse E-Bike mit Akku	70 kg
Masse Gleitschirm	7 kg
Gleitzahl Gleitschirm	ca. 8
Zuladung	123 kg
MTOW	200 kg
Motor Radantrieb BLDC	ca. 8 kW
Motor Propeller BLDC	bis 13 kW
Durchmesser Klapppropeller	1,40 m
Akkukapazität	6 kWh
Ladezeit (80 %)	< 2 h
Reisegeschwindigkeit	40 km/h
Leistungsbedarf im Reiseflug	6 kW
Motorlaufzeit bei Reisegeschw.	bis 60 min

Auch über den Donauflug hat er sich Gedanken gemacht. Für die Gesamtstrecke veranschlagt er bei einer Reisegeschwindigkeit von 40 km/h zwei bis drei (vergnügliche) Wochen.

---
3 https://www.youtube.com/watch?v=C_CukSzts_Y

HY4

Thomas Stephan, Stuttgart – H2FLY GmbH
mit Unterstützung von Johannes Schirmer (DLR Stuttgart), Josef Kallo (Universität Ulm)
und Pipistrel d.o.o (SLO)

HY4 im Flug (Computergrafik: H2FLY)

Seit Ende der 90er-Jahre gilt die Brennstoffzelle als Technik der Zukunft. Sie erzeugt elektrischen Strom mit gutem Wirkungsgrad ohne Lärm und ganz ohne Partikel- Emissionen und Abgase. Nur etwas Wasser entsteht im Betrieb. Ihr Treibstoff, vor allem Wasserstoff, kann mit Hilfe erneuerbarer Energien durch Elektrolyse erzeugt werden. Trotz vieler Anstrengungen weltweit ist ein entscheidender Durchbruch für die breite Anwendung bis heute nicht gelungen. Probleme bereiten hohe technische Anforderungen und erhebliche Kosten.

Als Partner sind außer dem Stuttgarter DLR Institut für Technische Thermodynamik, das Institut für Energiewandlung und Speicherung der Universität Ulm, die Firma Pipistrel und der Brennstoffzellen-Hersteller Hydrogenics beteiligt. Als Bindeglied zwischen den Beteiligten und als Betreiber der HY4 fungiert die H2FLY GmbH. Das Flugzeug ist am Flughafen Stuttgart, der das Projekt ebenfalls unterstützt, stationiert.

Das DLR Stuttgart befasst sich mit dem Einsatz von Brennstoffzellen in der Luftfahrt seit etwa 10 Jahren. Als erster großer Erprobungsträger wurde gemeinsam mit dem Flugzeughersteller Lange Aviation GmbH die Antares DLR H2 entwickelt. Sie absolvierte im April 2009 ihren Erstflug und konnte beim Berblinger Wettbewerb 2011 einen 1. Preis gewinnen. Ein ehrgeiziges, sehr kostenintensives Nachfolgeprojekt mit der Bezeichnung Antares H3 kam nicht zur Ausführung. Stattdessen erwarb die H2FLY GmbH – eine Ausgründung des DLR – von dem slowenischen Flugzeughersteller Pipistrel das Experimental-Flugzeug Taurus G4, das 2012 die NASA CAFE Challenge gewonnen hatte. Die Taurus G4 war rein batterie-

elektrisch angetrieben, wurde im Pipistrel-Werk für die Belange der H2FLY GmbH, des DLR und der Universität Ulm als Forschungsplattform für Brennstoffzellensysteme umgebaut und erhielt die Bezeichnung HY4.

Im September 2016 absolvierte das Flugzeug ein Testprogramm mit 30 Starts und Landungen und machte am 29. September 2016 mit mehreren Runden um den Flughafen Stuttgart seinen offiziellen Erstflug. Ab dem Frühjahr 2017 soll es mehrere Testprogramme durchlaufen. Ein Erfolg des Programms HY4 wäre ein großer Schritt für ein umweltfreundliches Fliegen.

Die ungewöhnliche Form des Forschungsflugzeugs kommt daher, dass Pipistrel die G4, das Ursprungsmodell der HY4, durch die Verbindung von zwei identischen und erprobten Flugzeugen des Typs Taurus G2 mit Hilfe eines neuen Mittelflügels aufbaute. So konnte der Entwicklungsaufwand niedrig gehalten werden. Im Vorderteil der beiden Rümpfe ist Platz für je 2 Passagiere. Der hintere Rumpfteil wird für Wasserstofftanks und Li-Polymer-Akku genutzt. Das Brennstoffzellensystem aus 4 Einzelmodulen und der elektrische Antriebsmotor für die Luftschraube sind im Mittelflügel untergebracht. Das Antriebssystem der HY4 ist ein Hybrid aus Wasserstoff-Brennstoffzellen und Li-Polymer-Akkus. Wie bei fast jedem Hybrid kommt die Startleistung aus Brennstoffzelle und Akku gemeinsam. Für den Reiseflug genügt die Leistung der Brennstoffzellen, die parallel auch noch für die Aufladung des Akkus sorgen. Nur für dynamische Flugwegänderungen ist zusätzlich Energie aus dem Akku notwendig. Die Leistung des elektrischen Antriebs mit 100 kW reicht bei einer Gleitzahl von 28 für das maximale Abfluggewicht von 1500 kg aus. Für den Start ist eine ausreichend lange, befestigte Startbahn notwendig.

Zusammenstellung wichtiger technische Daten der HY4
(Angaben H2FLY)

Spannweite	21,36 m
Länge	7,40 m
Gleitzahl	28
MTOW	1500 kg
Leermasse	630 kg
Powermodul m. H2-Seicher (438 bar/800 km Reichw.)	450 kg
Motor (3-Phasen sychron)	100 kW
Brennstoffzellenleistung	40 kW
Batterieleistung	80 kW
Batteriekapazität	21 kWh
V_{stall}	82 km/h
V_{Reise}	145–160 km/h
V_{NE}	232 km/h
Startrollstrecke (min/max Beladung)	650–1000 m
Reichweite (4 Pers., 438 bar System)	800 km
Reichweite (2 Pers., 700 bar System)	1500 km

Ein zentraler Punkt des Projekts ist die technische Gestaltung und Umsetzung der Systemkonfiguration, damit ein Maximum an Sicherheit erreicht wird. Die Auslegung wurde bei der HY4 so getroffen, dass bei einem Ausfall eines kompletten Teilsystems (Akku oder Brennstoffzelle) der Flug mit dem verbleibenden Teilsystem fortgesetzt werden kann. Eine redundante Versorgung mit Wasserstoff, eine redundante Reihenschaltung der Brennstoffzellenmodule, die den Ausfall und die Wiederinbetriebnahme eines einzelnen Brennstoffzellen-Moduls erlaubt, und eine redundante Wasserstoffüberwachung gewährleisten eine maximale Betriebs- und Ausfallsicherheit. Auf die Ergebnisse des Projekts darf man gespannt sein.

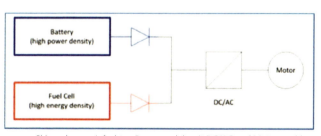

Skizze des vereinfachten Powermoduls mit DC/AC und Motoranschluss
(Bild: H2FLY)

PIEP

Jens-Ole Thoebel, Hankensbüttel

Canard-Flugzeug PIEP (Computergrafik: J.-O. Thoebel)

„Bei dem Wettbewerbsbeitrag handelt es sich um ein Konzept aus erprobten Komponenten und einem bewährten Flugzeugkonzept, die im Verbund ein grundsolides und alltagstaugliches Flugzeug ergeben", so Jens-Ole Thoebel in den eingereichten Unterlagen. Designgebend für PIEP ist demgemäß das Canard-Flugzeug Varieze, das von Bert Rutan in den 70er-Jahren entwickelt wurde und das sich aufgrund seiner herausragenden Leistungen großer Beliebtheit erfreute. Innerhalb von 7 Jahren wurden über 400 Flugzeuge gebaut.

In den eingereichten Dokumenten sind nur wenige konstruktive Details zu PIEP enthalten. Wie Thoebel anmerkt, hat er sich bewusst dafür entschieden, keine einzelnen Komponenten zu betrachten, da nach seiner Ansicht vor allem das Gesamtkonzept stimmig sein muss, um ein effizientes Flugzeug schaffen zu können. Anhand eines hochwertigen Gesamtsystems aus dem Verbund zahlreicher Innovationen will er dies unter Beweis stellen. Das Ergebnis seiner Überlegungen ist eine aerodynamisch und konstruktiv verbesserte Version der Varieze. Die angeführten Innovationen werden zumeist nicht im Detail spezifiziert. Maße und Aussehen des PIEP unterscheiden sich nur wenig von der Varieze. Aufgrund der nahen Verwandtschaft zur Varieze werden auch die Leistungsdaten des PIEP von der Varieze hergeleitet und sind nahezu gleich. Die Auswirkung der angeführten Verbesserungen auf die Leistungsdaten sind in den Wettbewerbsdokumenten nicht enthalten. Einen Vergleich zwischen PIEP und Varieze zeigt die nachfolgende Tabelle.

Detailliert ausgeführt im Wettbewerbsbeitrag ist das Antriebssystem des PIEP. Vorgesehen ist ein Hybridsystem aus einem Elektromotor mit einem Li-S-Akku und einem Verbrennungsmotor. Für letzteren soll der turboaufgeladene Viertakt-2-Zylinder Boxermotor HKS 700T von HKS Corporate(Japan) zum Einsatz kommen, der 57 kW bei 5000 U/min leistet.

Der Elektromotor ist das Fabrikat NOVA 30 von Plettenberg (Baunatal) und liefert 22 kW bei einer Stromaufnahme von 220 A. Den 80 Ah Li-S Akku soll OXIS Energie aus Abingdon (UK) liefern. Damit kann der NOVA-Motor 21 min unter Volllast betrieben werden. Der Aufbau des Hybridsystems ist etwas ungewöhnlich. Es wird auf die Vorteile eines primären elektrischen Luftschraubenantriebs verzichtet und der Boxer-Motor als Dauerantrieb eingesetzt, der die notwendige Leistung für den Reiseflug liefert. Zum Start wird er mit dem Elektromotor gekoppelt, der zwischen Getriebe und Luftschraube auf der Antriebswelle angebracht ist.

Das Flugprofil für den Non-Stop-Donauflug sieht einen Anfangssteigflug mit Verbrennungs- und Elektromotor in 6,5 min auf 8000 ft vor. Im folgenden Reisehorizontalflug wird nur noch der Verbrennungsmotor genutzt. Bei Erreichen der Endanflughöhe wird auch er abgeschaltet. Der Rest der Strecke wird im Gleitflug zurückgelegt, wofür etwa 14 min veranschlagt sind. Ggf. kann der Elektromotor zusätzlich eingesetzt werden, da Akkukapazität ausreichend zur Verfügung steht. Nachprüfbar sind diese Angaben nicht, da die Unterlagen keine Werte für Steigleistung und Gleitzahl des PIEP enthalten.

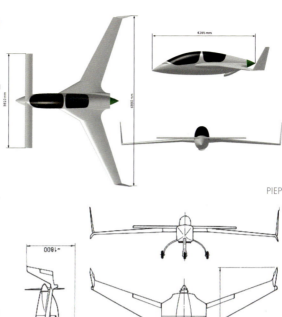

PIEP

Varieze

	PIEP	Varieze
Spannweite	6,89 m	6,77 m
Rumpflänge	4,285 m	4,32 m
Motor	79 kW	75 kW
Tankinhalt	157 l	91 l
V_{max}	320 km/h	314 km/h
V_{Reise}	252 km/h	266 km/h
MTOW	k. A.	476 kg
Reichweite	2880 km	1368 km

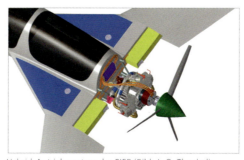

Hybrid-Antriebssystem des PIEP (Bild: J.-O. Thoebel)

4 Fazit und Nachwort

4 Fazit und Nachwort zu den Berblinger Wettbewerben 2013 und 2016

In den Jahren 2013 und 2016 hat die Stadt Ulm für den Berblinger Preis Konstruktionswettbewerbe für langstreckentaugliche Elektroflugzeuge ausgeschrieben, um damit die Entwicklung auf diesem Gebiet zu fördern. Angeregt durch den Flugwettbewerb des Berblinger Preises 2011 diente dies – unter dem Titel „Vision Donauflug" – der Vorbereitung eines Langstreckenflugs mit elektrisch angetriebenen Flugzeugen. Anlässlich des 250. Geburtsjahrs des Ulmer Flugpioniers Albrecht Berblinger soll dieser 2020 durchgeführt werden.

Elektrische Antriebe für Flugzeuge besitzen gegenüber den bis heute üblichen Antrieben mit Verbrennungsmotoren wesentliche Vorteile. Sie sind

- leise,
- abgasfrei,
- funktionssicher und
- einfach zu bedienen.

Zudem verfügt ein Elektromotor verglichen mit einem Verbrennungsmotor über einen deutlichen höheren Wirkungsgrad (95 gegenüber 35 bis 40 Prozent). Aufgrund der kompakten Abmessungen und seines geringeren Leistungsgewichts (ca. 5 kW/kg) kann er an aerodynamisch optimaler Stelle – typisch im Seitenleitwerk – eingebaut werden. Das ergibt eine deutlich höhere Bodenfreiheit. In Verbindung mit einer damit möglichen großen, langsam drehenden Luftschraube, resultiert daraus ein hervorragender Gesamtwirkungsgrad des Antriebs. Das Handicap des elektrischen Antriebs, das eine verbreitete Anwendung in der Luftfahrt bisher verhindert hat oder zumindest bremst, ist die Energieversorgung. Dafür stehen derzeit nur Li-Ion- oder LiPo-Hochleistungs-Akkus und Wasserstoff-Brennstoffzellen zur Verfügung. Daneben gibt es auch die Möglichkeit der Energieversorgung durch Solarzellen, die auf der Flugzeugoberfläche angebracht sind – vorausgesetzt es gibt genügend Sonneneinstrahlung.

Seit Ende der 90er-Jahre gilt die Brennstoffzelle als Technik der Zukunft. Sie erzeugt elektrischen Strom mit gutem Wirkungsgrad ohne Lärm, Partikelemissionen und Abgase. Nur etwas Wasser entsteht im Betrieb. Ihr Treibstoff, vor allem Wasserstoff, kann mit Hilfe erneuerbarer Energien durch Elektrolyse erzeugt werden. Trotz vieler Anstrengungen weltweit ist ein entscheidender Durchbruch für die breite Anwendung bis heute noch nicht gelungen. Probleme bereiten hohe technische Anforderungen und erhebliche Kosten. Dynamische Leistungsänderungen, wie sie im Flugbetrieb auftreten, sind schlecht darstellbar und die allgemeine Versorgung mit Wasserstoff ist nicht zufriedenstellend.

Als brauchbare Energiequelle für Luftfahrt-Anwendungen haben sich bisher Li-Ion- und LiPo-Akkus bewährt. Das Hauptproblem für einen Einsatz ist die geringe gravimetrische Energiedichte, d. h. das Speichervermögen pro Kilogramm Masse.

Dies dürfte trotz einer jährlichen Steigerung von rund einem Prozent pro Jahr vermutlich noch länger so bleiben. Dazu folgende Zahlenangaben:

Wasserstoff	33,33 kWh/kg
Superbenzin	12,80 kWh/kg
Li-Ion-Akku	ca. 0,20 kWh/kg

Verglichen mit der gespeicherten Energie in einem Tank mit Superbenzin ist ein Lithium-Akku mit der gleichen gespeicherten Energiemenge rund sechzigmal schwerer und wesentlich teurer. Große Akkus, wie sie für Flüge über größere Distanzen als 450 bis 500 km notwendig wären, sind daher technisch und wirtschaftlich nicht sinnvoll.

Die Lösung für dieses Problem ist heute und in den nächsten Jahren der hybridelektrische Antrieb. Dabei wird die hohe gravimetrische Energiedichte von flüssigen oder gasförmigen Kraftstoffen in Motor-Generatorsystemen, d. h. als emissionsarmer, erprobter, verfügbarer Verbrenner-Hybrid, oder mit Brennstoffzellensystemen, d. h. als emissionsfreier Brennstoffzellen-Hybrid, der noch in der Entwicklung steckt, zur Erzeugung der elektrischen Motorleistung genutzt. Da diese wesentlich geringer ist als die zum Start notwendige Leistung, können die Aggregate mit entsprechend geringerer Leistung dimensioniert werden, was zu geringerem Gewicht, Kraftstoffverbrauch und Abgasausstoß führt. Für die nur kurzzeitig notwendige hohe Startleistung wird ein Akku eingesetzt, der ggf. im Flug wieder aufgeladen werden kann. Durch die Energiewandlung in einem Hybridsystem entstehen zwar Verluste, die aber durch die Vorteile einer angepassten Elektroflug-Konfiguration mehr als ausgeglichen werden können.

Der Trend zum hybridelektrischen Antrieb für den elektrischen Langstreckenflug ist in den Einreichungen für die Berblinger Wettbewerbe zwischen 2013 und 2016 deutlich abzulesen. Ein umweltfreundlicher Donauflug über eine reine Flugstrecke von 2000 km mit vier Personen, mit einer Reisefluggeschwindigkeit von über 200 km/h und ohne Zwischenlandung ist im Jahr 2020 machbar. Damit hätten die Berblinger Wettbewerbe 2013 und 2016 ihr Ziel erreicht.

- **Segelflugzeuge** (Motorsegler)
  Akku 6–20 kWh – Masse 36–120 kg,
  Antrieb 35–42 kW,
  Motorlaufzeit 20–90 Min.
- **Reisemotorsegler**
  Akku 50–60 kWh – Masse 300–360 kg,
  Antrieb 40–60 kW,
  Motorlaufzeit ~4 h/ 400km

Einer besonderen Betrachtung bedürfen reine Solarflugzeuge wie z. B. der Sunseeker II. Eric Raymond hat damit großartige Streckenflüge durchgeführt. Das Flugzeug hat sich als Erprobungsträger bewährt. Wenn der im Bau befindliche Sunseeker Duo die Erwartungen erfüllen kann, dürfte sich damit eine hochinteressante Perspektive für den Elektro-Streckenflug eröffnen.

Die Stadt Ulm wird in den kommenden Jahren die Förderung umweltfreundlicher, leistungsfähiger und praxistauglicher Flugzeuge fortführen, um insbesondere die Vision eines umweltfreundlichen Reiseflugzeugs zu fördern. In mehreren theoretisch ausgerichteten Berblinger Wettbewerben werden Forschungsarbeiten, Komponentenentwürfe und innovative Ideen mit einem Preis bedacht, die langfristig, z. B. bis 2020, den Bau eines umweltfreundlichen Reiseflugzeugs (auch Ultraleichtflugzeugs) ermöglichen, mit dem ein Flug von der Quelle der Donau bis zur Mündung (ca. 4.000 km) in möglichst wenigen Etappen möglich sein sollte.

Anhang

Ausschreibung: Berblinger Wettbewerb 2013

Der Berblinger-Preis 2013

Zur 175. Wiederkehr des Flugversuchs Albrecht Ludwig Berblingers, des „Schneiders von Ulm", hatte die Stadt Ulm im Jahre 1986 einen internationalen Flugwettbewerb veranstaltet. Es galt, an historischer Stätte nach Berblingers Vorbild die Donau zu überfliegen. Albrecht Ludwig Berblinger (1770-1829), der als erster Flugpionier das Gleitflugprinzip anzuwenden trachtete, ist 1811 mit seinem Versuch in die Luftfahrtgeschichte eingegangen.

In Erinnerung an sein Wirken stiftete die Stadt Ulm einen Preis, der seinen Namen trägt und der 1988 erstmals vergeben wurde. Mit dem Berblinger Preis werden besondere Leistungen, Entwicklungen und innovative Ideen bei der Konstruktion von Fluggeräten im Bereich der Allgemeinen Luftfahrt ausgezeichnet. So wurde im Rahmen des Flugwettbewerbs 1996 das erste personentragende, eigenstartfähige und ausschließlich mit Sonnenenergie betriebene Flugzeug prämiert. Beim Flugwettbewerb 2011 wurden ein eigenstartfähiges Hochleistungssegelflugzeug mit lärmarmem, ökologischem Antriebsystem und ein solarbetriebener Motorsegler in Leichtbauweise ausgezeichnet. Mehrere Konstruktionswettbewerbe bereiteten dazwischen auf die praktischen Wettbewerbe vor.

Im Jahr 2013 schreibt die Stadt Ulm erneut einen Konstruktionswettbewerb aus, mit dem Interesse, gezielt innovative Entwicklungen im Bereich der Allgemeinen Luftfahrt für einen umweltschonenden Streckenflug zu finden und zu unterstützen.

Fernziel: Vision Donauflug

Albrecht Ludwig Berblinger hatte 1811 die Vision, mit Hilfe seines Hängegleiters die Donau von einem Ufer zum anderen zu überqueren.
Im Geiste Berblingers und seiner Vision verfolgt die Stadt Ulm heute das Ziel, Entwicklungen in der Allgemeinen Luftfahrt zu fördern, die es ermöglichen, den Flusslauf der Donau in der gesamten Distanz von der Quelle bis zur Mündung möglichst geräuschlos und emissionsfrei mit Hilfe von innovativen, Umwelt und Ressourcen schonenden Flugzeugen zu überfliegen, auch in Etappen.

Der Berblinger Preis der Stadt Ulm soll zunächst wieder in theoretischen Wettbewerben Ideen auszeichnen, die in besonderem Maße dazu beitragen, diesem Ziel näher zu kommen.

Aufgabenstellung

Ziel der Ausschreibung für den Berblinger Wettbewerb 2013 ist es, auf der Grundlage neuester Forschungsergebnisse, Erkenntnisse und Entwicklungen aus dem Bereich der Luftfahrt in theoretischen Beiträgen aufzuzeigen, mit welchen Ansätzen man dem geschilderten Fernziel eines Donauflugs von der Quelle bis zur Mündung näher kommen könnte.

Gesucht werden Ideen für ein innovatives, ein- oder mehrsitziges personentragendes Flugzeug oder einzelne Komponenten dafür, die zur Realisierung der genannten Vision „Donauflug" beitragen könnten. Eine wichtige Rolle spielen dabei insbesondere Aspekte der Umweltverträglichkeit wie Energieverbrauch, Abgas- und Lärmemission. Flugzeuge im Sinne der Ausschreibung sind auch Ultraleichtflugzeuge.

Bewerbungen

Die Bewerbungen müssen enthalten:
- den ausgefüllten und unterzeichneten Anmeldebogen mit der Erklärung der Bewerberin/des Bewerbers oder der Bewerber, dass sie die geistigen Urheber des eingereichten Vorschlags sind,
- eine ausführliche schriftliche Darstellung, aus der hervorgeht, worin die Bewerberin/ der Bewerber die Besonderheit des Vorschlags sieht,
- alle notwenigen Konstruktionsangaben, so dass eine Beurteilung möglich ist,
- Bild-/Ansichtsmaterial in Form von Plänen, Zeichnungen, Fotos, Videos oder Modellen.

Abgesehen vom Anmeldebogen können alle Unterlagen auch gerne digital auf CD oder DVD eingesendet werden. Sämtliche Unterlagen müssen in Deutsch oder Englisch verfasst bzw. beschriftet sein.

Die Jury kann jederzeit weitere Unterlagen und Materialien zur Beurteilung des Vorschlags anfordern. Modelle und Originalteile sind rücksendefähig zu verpacken.

Einsendeschluss

Die vollständigen Bewerbungsunterlagen sind bis zum 30. Juni 2013 bei der Stadt Ulm, Hauptabteilung Kultur, Frauenstr. 19, D-89073 Ulm einzureichen.

Teilnahmeberechtigung

Die Teilnahmeberechtigung ist nicht eingeschränkt.

Bewertung und Preisvergabe

Eine unabhängige Jury bewertet die eingereichten Vorschläge. Die Jury besteht aus Vertretern der Luft- und Raumfahrtindustrie, Vertretern von Hochschulen und Forschungsinstituten und Vertretern der Stadt Ulm. Es können weitere Fachleute zur Beurteilung besonderer Fragen herangezogen werden. Bewertet werden die Wettbewerbsbeiträge danach, inwieweit die unter Aufgabenstellung aufgeführten Anforderungen erfüllt werden. Das Preisgeld in Höhe von 25.000 wird der Siegerin/dem Sieger ausbezahlt. Die Jury behält sich eine Teilung des Preisgeldes vor. Kosten in Zusammenhang mit der Teilnahme am Wettbewerb haben die Teilnehmenden selbst zu tragen. Die Entscheidungen der Jury sind verbindlich und unanfechtbar. Der Rechtsweg ist ausgeschlossen.

Preisverleihung

Der Oberbürgermeister der Stadt Ulm wird den Preis/die Preise im Rahmen einer besonderen Veranstaltung übergeben. Es ist geplant, die Projekte aller Teilnehmenden des Wettbewerbs in einer Ausstellung zu präsentieren.

Dokumentation

Die Stadt Ulm beabsichtigt, eine Dokumentation über den Wettbewerb zu veröffentlichen. Mit ihrer Anmeldung stimmen die Teilnehmenden einer Darstellung ihres Beitrags in Wort und Bild im Zusammenhang mit Veröffentlichungen, Werbe- und Dokumentationsmaterial zum Berblinger Preis zu. Die Teilnehmenden stellen die Informationen und das Material für diese Dokumentation und eventuelle Werbemaßnahmen, Pressemitteilungen und Berichte der Stadt Ulm im Zusammenhang mit dem Berblinger Wettbewerb honorarfrei zur Verfügung. Aus datenrechtlichen Gründen werden alle Daten, Dokumente und Materialien der Teilnehmenden bis zum Tag der Preisverleihung unter Verschluss gehalten. Die Mitglieder der Jury sowie die hinzugezogenen Gutachter werden zur Geheimhaltung entsprechend verpflichtet.

Änderung der Wettbewerbsbedingungen

Die Stadt Ulm behält sich im Zusammenhang mit Fragen, die während des Wettbewerbs auftreten, Änderungen bzw. Ergänzungen der Wettbewerbsbedingungen vor. Diese werden gegebenenfalls auf der Homepage unter www.berblinger.ulm.de veröffentlicht.

Wettbewerbsinformationen

Hinweise zu diesem Wettbewerb gibt die Hauptabteilung Kultur der Stadt Ulm, Frauenstr. 19, D-89073 Ulm, Telefon +49/731/161-4701, Fax +49/731/161-1631, E-Mail: kultur@ulm.de.

Bitte besuchen Sie auch unsere Homepage unter www.berblinger.ulm.de.

Ausschreibung: Berblinger Wettbewerb 2016

Zur 175. Wiederkehr des Flugversuchs Albrecht Ludwig Berblingers, des „Schneiders von Ulm", hatte die Stadt Ulm im Jahre 1986 einen internationalen Flugwettbewerb veranstaltet. Es galt, an historischer Stätte nach Berblingers Vorbild die Donau zu überfliegen.

Albrecht Ludwig Berblinger (1770–1829), der als erster Flugpionier das Gleitflugprinzip anzuwenden trachtete, ist 1811 mit seinem Flugversuch in die Luftfahrtgeschichte eingegangen. In Erinnerung an sein Wirken stiftete die Stadt Ulm einen Preis, der seinen Namen trägt und der 1988 erstmals vergeben wurde. Mit dem Berblinger Preis werden besondere Leistungen, Entwicklungen und innovative Ideen bei der Konstruktion von Fluggeräten im Bereich der Allgemeinen Luftfahrt ausgezeichnet.

So wurde im Rahmen des Flugwettbewerbs 1996 das erste personentragende, eigenstartfähige und ausschließlich mit Sonnenenergie betriebene Flugzeug prämiert. Beim Flugwettbewerb 2011 wurden ein eigenstartfähiges Hochleistungssegelflugzeug mit lärmarmem, ökologischem Antriebssystem und ein solarbetriebener Motorsegler in Leichtbauweise ausgezeichnet. Das neue Fernziel des Wettbewerbs ist nun der umweltschonende Langstreckenflug 2020. Um diesem Ziel näher zu kommen wurde 2013 ein erster Konstruktionswettbewerb durchgeführt.

Für das Jahr 2016 schreibt die Stadt Ulm einen weiteren Konstruktionswettbewerb aus, mit dem Interesse, gezielt innovative Entwicklungen im Bereich der Allgemeinen Luftfahrt für einen umweltschonenden Langstreckenflug zu finden und zu unterstützen.

Fernziel: Vision Donauflug

Albrecht Ludwig Berblinger hatte 1811 die Vision, mit Hilfe seines Hängegleiters die Donau von einem Ufer zum anderen zu überqueren. Im Geiste Berblingers und seiner Vision verfolgt die Stadt Ulm heute das Ziel, Entwicklungen in der Allgemeinen Luftfahrt zu fördern, die es ermöglichen, den Flusslauf der Donau in der gesamten Distanz von der Quelle bis zur Mündung möglichst geräuschlos und emissionsfrei mit Hilfe von innovativen, Umwelt und Ressourcen schonenden Flugzeugen überfliegen zu können, auch in Etappen. Der Berblinger Preis der Stadt Ulm soll zunächst wieder in theoretischen Wettbewerben Ideen auszeichnen, die in besonderem Maße dazu beitragen, diesem Ziel näher zu kommen.

Aufgabenstellung

Ziel der Ausschreibung für den Berblinger Wettbewerb 2016 ist es, auf der Grundlage neuester Forschungsergebnisse, Erkenntnisse und Entwicklungen aus dem Bereich der Luftfahrt in theoretischen Beiträgen aufzuzeigen, mit welchen Ansätzen man dem geschilderten Fernziel eines Donauflugs von der Quelle bis zur Mündung näher kommen kann. Gesucht werden Ideen für ein innovatives personentragendes Flugzeug oder einzelne Komponenten dafür, die zur Realisierung der genannten Vision „Donauflug" beitragen. Eine wichtige Rolle spielen dabei insbesondere Aspekte der Umweltverträglichkeit wie Energieverbrauch, Abgas- und Lärmemission. Flugzeuge im Sinne der Ausschreibung sind auch Ultraleichtflugzeuge.

Teilnahmebedingungen

Teilnahmeberechtigung

Die Teilnahmeberechtigung ist nicht eingeschränkt.

Bewerbung

Die Bewerbung muss enthalten:
den ausgefüllten und unterzeichneten Anmeldebogen mit der Erklärung der Bewerberin/des Bewerbers, dass sie die geistigen Urheber des eingereichten Vorschlags sind,
– eine ausführliche schriftliche Darstellung, aus der hervorgeht, worin die Bewerberin/

der Bewerber die Besonderheit des Vorschlags sieht,
- alle notwendigen Konstruktionsangaben, die eine Beurteilung ermöglichen,
- Bild-/Ansichtsmaterial in Form von Plänen, Zeichnungen, Fotos, Videos oder Modellen.

Abgesehen vom Anmeldebogen können alle Unterlagen auch digital auf CD oder DVD eingesendet werden. Sämtliche Unterlagen müssen in Deutsch oder Englisch verfasst bzw. beschriftet sein. Die Jury kann jederzeit weitere Unterlagen und Materialien zur Beurteilung des Vorschlags anfordern. Modelle und Originalteile sind rücksendefähig zu verpacken.

Einsendeschluss

Die vollständigen Bewerbungsunterlagen sind bis zum Di., 21. Juni 2016 bei der Stadt Ulm, Kulturabteilung, Frauenstr. 19, 89073 Ulm einzureichen.

Urheberschaft

Mit der Teilnahme versichern die Teilnehmenden die geistige Urheberschaft an dem eingereichten Vorschlag mit Ausschluss weiterer Ansprüche auf Urheberschutz.

Bewertung und Preisvergabe

Eine unabhängige Jury bewertet die eingereichten Vorschläge. Die Jury besteht aus Vertretern der Luft- und Raumfahrtindustrie, Vertretern von Hochschulen und Forschungsinstituten und Vertretern der Stadt Ulm. Es können weitere Fachleute zur Beurteilung besonderer Fragen herangezogen werden. Bewertet werden die Wettbewerbsbeiträge danach, inwieweit die unter der Aufgabenstellung aufgeführten Anforderungen erfüllt werden. Die Siegerin/der Sieger erhält ein Preisgeld in Höhe von 25.000 Euro. Die Jury behält sich eine Teilung des Preisgeldes vor. Kosten im Zusammenhang mit der Teilnahme am Wettbewerb haben die Teilnehmenden selbst zu tragen. Die Entscheidungen der Jury sind verbindlich und unanfechtbar.

Preisverleihung

Der Oberbürgermeister der Stadt Ulm wird den Preis/die Preise im Rahmen einer besonderen Veranstaltung übergeben Es ist geplant, die Projekte aller Teilnehmenden des Wettbewerbs in einer Ausstellung zu präsentieren

Dokumentation

Die Stadt Ulm beabsichtigt, eine Dokumentation über den Wettbewerb zu veröffentlichen. Mit ihrer Anmeldung stimmen die Teilnehmenden einer Darstellung ihres Beitrags in Wort und Bild auf Grundlage der eingereichten Unterlagen sowie der Veröffentlichung des Juryurteils im Rahmen der Werbe- und Dokumentationsmaßnahmen zum Berblinger Preis zu. Die Teilnehmenden stellen die Informationen und das Material für die Dokumentation und für die Werbemaßnahmen, Pressemitteilungen und Berichte der Stadt Ulm im Zusammenhang mit dem Berblinger Wettbewerb kostenfrei zur Verfügung. Aus datenrechtlichen Gründen werden alle Daten, Dokumente und Materialien der Teilnehmenden bis zum Tag der Preisverleihung unter Verschluss gehalten. Die Mitglieder der Jury, die hinzugezogenen Gutachter sowie die mit der Dokumentation/Ausstellung beauftragte Agentur werden zur Geheimhaltung entsprechend verpflichtet.

Datenschutz

Mit der Teilnahme erklären sich die Teilnehmenden mit der Speicherung Ihrer zur Teilnahme erforderlichen Daten einverstanden. Die Daten werden ausschließlich zu den Zwecken der Ausschreibung verwendet. Es steht der/dem Teilnehmenden jederzeit frei, per Widerruf die Einwilligung zur vorübergehenden Speicherung persönlicher Daten aufzuheben und somit von der Teilnahme zurückzutreten.

Änderung der Wettbewerbsbedingungen

Die Stadt Ulm behält sich im Zusammenhang mit Fragen, die während des Wettbewerbs auftreten, Änderungen beziehungsweise Ergänzungen der Wettbewerbsbedingungen vor. Diese werden dann auf der Homepage www.berblinger.ulm.de veröffentlicht.

Vorzeitige Beendigung

Die Stadt Ulm behält sich vor, den Wettbewerb aus wichtigem Grund vorzeitig zu beenden, ohne dass hierdurch Ansprüche entstehen.

Sonstige Bestimmungen

Der Rechtsweg ist ausgeschlossen.
Sollten einzelne Bestimmungen der Teilnahmebedingungen ungültig sein oder ungültig werden, bleibt die Gültigkeit der übrigen Teilnahmebedingungen unberührt. An ihre Stelle tritt eine angemessene Regelung, die dem Zweck der unwirksamen Bestimmung am ehesten entspricht.